シリーズ「遺跡を学ぶ」096

鉄道考古学事始

新橋停車場

斉藤　進

新泉社

鉄道考古学事始

―新橋停車場―

斉藤　進

【目次】

装　幀　新谷雅宣
本文図版　松澤利絵

第1章　鉄道考古学事始

1　大森貝塚と新橋停車場

新橋停車場の発掘調査について語る前に、日本の鉄道のはじまりと考古学の縁浅からぬ関係から話をはじめよう。

それは一人のアメリカ人動物学者の来日からはじまる。いまから一三七年前の一八七七年（明治一〇）六月一七日の夜、エドワード・S・モースは、かねてから腕足《わんそく》動物の研究のために希望していた訪日がかない、長い船旅の末、横浜港に着いた。翌一八日は彼の三九歳の誕生日であった。彼が来日したこの年、明治政府は九州で西南戦争の真っ最中であった。

翌々日の一九日午前、彼は横浜から汽車で東京（新橋）にむかった。大森駅をすぎてまもなく、線路脇の切通しに白い貝殻が散乱しているのを車窓から見つける。おそらく食い入るように見つめた彼のまなざしは、それが〝貝塚〟であると即座に判断したのである。

これがきっかけとなって、同年九月から一一月にかけて、モースと東京大学の教え子らが大森貝塚を発掘調査し（図1）、二年後の一八七九年（明治一二）、日本最初の発掘調査報告書『大森貝塚』(Shell Mounds of Omori) を刊行した。これが日本における近代考古学の最初の発掘調査であり、最初の発掘報告書として記憶されることになったのである。

このエピソードは、戦後の中学・高校の教科書に掲載されるほど著名な出来事であり、きっとモースや大森貝塚の名に聞き覚えのある方も多いだろう。

このモースが貝塚を見つけて興奮さめやらぬまま到着したのが新橋停車場であった。このとき日本最初の鉄道、新橋～横浜間が開業して五年と新しく、新橋停車場の駅舎（図2）は、完成直後の銀座煉瓦《れんが》街とともに文明開化の象徴となっていた。

モースは日記『日本その日その日』に、新橋停車場で汽車を降り立ったときの印象を、下駄のカラコ

図1●大森貝塚発掘の様子
手前に描かれた2本のレールが鉄道線路。背後の台地を削り、線路に沿って鉄道柵がのびる。モースは鉄道敷設によって削られた崖下に散らばる貝殻を目ざとく見つけたのである。

ロ響く音に興味を覚えたらしく記しているが、洋風の駅舎については、見慣れた建物だったのか、ふれていない。思うに彼の目には、白き洋風の駅舎よりも、大森で見た白き貝殻が映っていたのかもしれない。

この日本に近代考古学を伝えたモースがいく度となく通った新橋停車場を、わたしたちは一世紀以上の時をへて発掘調査することになったのである。これも鉄道と考古学の歴史の縁といえるのではないだろうか。

本書では、たんに新橋停車場の歴史を記すのではなく、新橋停車場跡の発掘によってあらわれた、大地に刻まれた多くの遺構や鉄道関連の遺物から、近代日本黎明期の鉄道とその技術・産業の実態をさぐっていこうと思う。それは文献史上に描かれない、「モノ」をとおして見る考古学による鉄道の歴史である。

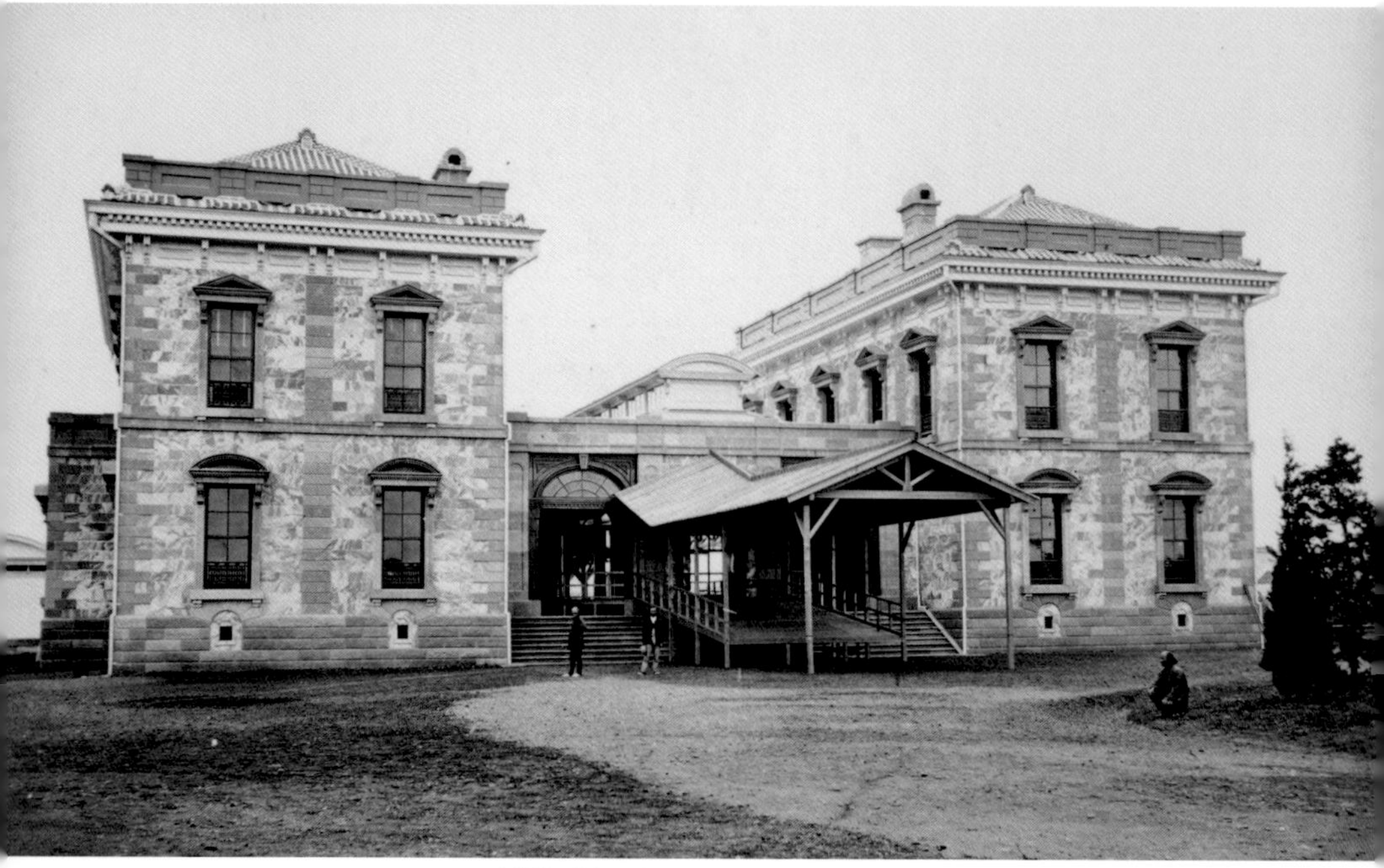

図2 ● 新橋停車場の外観（『The Far East』より）
完成した新橋駅舎を伝える詳細な写真（図25も）。正面の入り口中央の木製の建物は、開業式典で天皇が通るための屋根つき仮設通路。

2　石と煉瓦とコンクリと

広大な空き地

都心の一等地とは思えない広さだった。現在の新橋駅の東、浜離宮恩賜庭園とのあいだに広がる旧国鉄貨物駅跡地（図3）にわたしたちがはじめて立ったのは一九九二年四月のことだった。

三〇ヘクタールにおよぶこの広大な敷地は、一部が住宅展示場や駐車場に使われているだけで、都心にぽっかりと空いた荒涼とした空間であった。ときおり新幹線が静寂を破って走り抜け、海手からの汐風が香った。

ここ東京都港区汐留《しおどめ》は、一九一四年（大正三）に旅客を扱わない汐留貨物駅になってから、ながく東京の物資輸送の拠点、貨物ターミナルとして活躍したが、国鉄分割

図3 ● 汐留遺跡の景観
有楽町付近上空から東南方向を遠望。中央の広大な空き地が汐留遺跡。現在ここは高層ビル群「汐留シオサイト」に変貌している。その上方が浜離宮、右下がJR新橋駅。

民営化にともない、一九八六年に閉鎖し、駅は解体・撤収された。その後、一部が住宅展示場やイベント会場などに使われるだけの空き地となっていた。

汐留の巨大再開発と発掘調査

平成に入ると、この都心の広大な空き地を再開発する計画がもちあがり、一九九〇年二月に港区教育委員会が試掘調査をおこなった。その結果、鉄道用地になる前の江戸時代の大名屋敷(龍野《たつの》藩脇坂《わきさか》家、仙台藩伊達《だて》家、会津藩松平家など)の遺構が残っていることがわかった。

そのころ東京都心では再開発があちこちではじまり、江戸時代の大名屋敷や町屋、寺社などがつぎつぎに調査され、「江戸遺跡」の調査・研究熱が高まっていた。わたしたちもこの汐留遺跡では、大名屋敷を発掘すること、つまり「江戸遺跡」の発掘調査を一番の目的としたのであった。

ところが、試掘調査では同時に、日本における鉄道発祥の地、旧新橋停車場のプラットホームの基礎石垣の一部が壊されずに残っていることもわかった。

東京都教育委員会は、旧江戸城下町の範囲の埋蔵文化財については近世のものまでを調査の対象とし、近代以降のものについては「地域の歴史理解のうえできわめて重要と考えられるものは対象とする」との基準を設けていた。では、新橋停車場跡はどうするのか。

協議の結果、汐留遺跡は「江戸遺跡」として調査するが、近代以降の鉄道関連施設についても、日本最初の鉄道施設ということもあり、東京の歴史にとって重要度が高いことから調査対

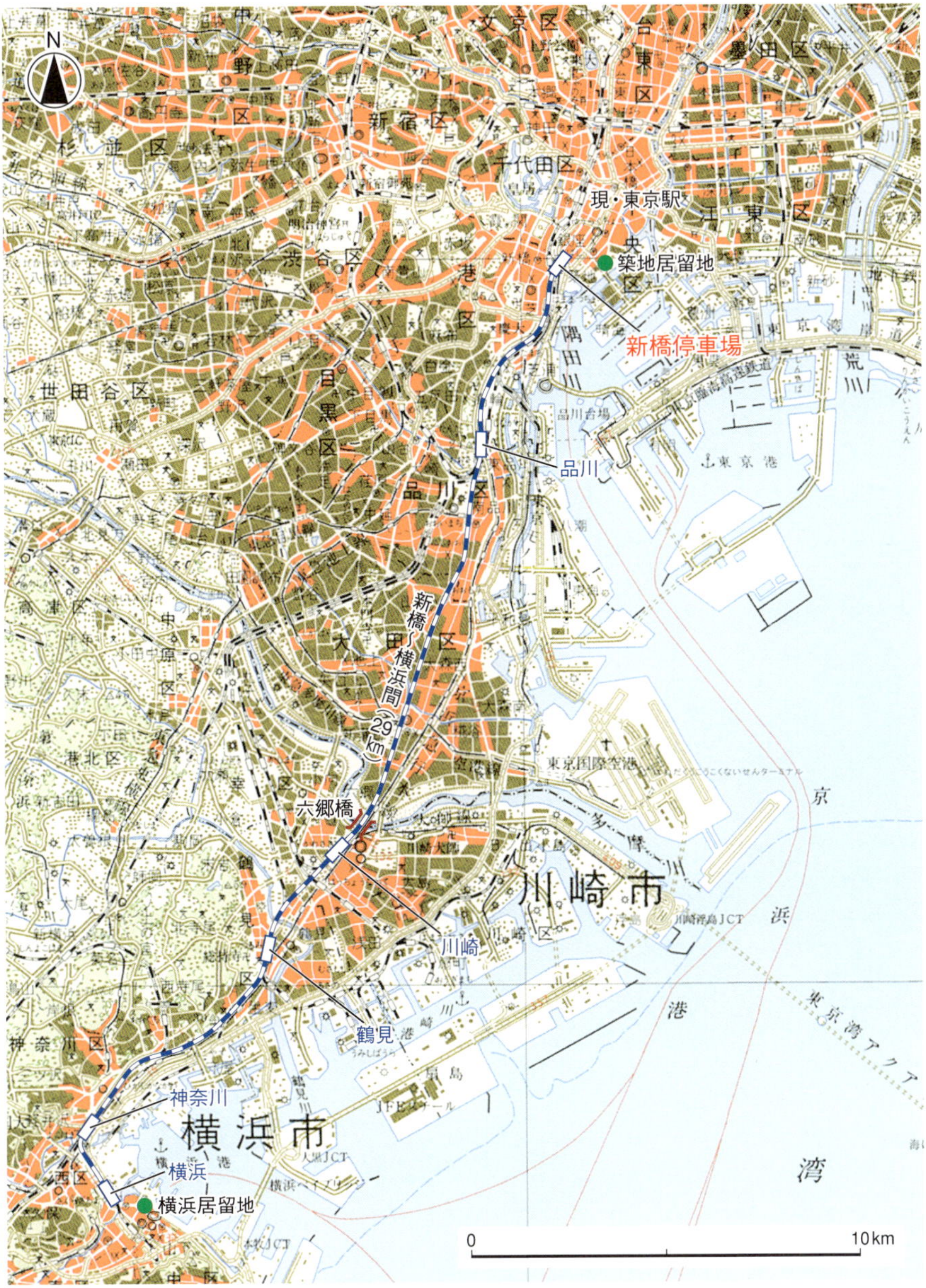

図４ ● 新橋〜横浜間鉄道路線図

現在は東京湾から離れた路線に見えるが、開業当初は東京湾の海岸に沿うように走っていた（図13参照）。なお、大森停車場は４年後の1876年（明治９）に開業する。

象とすることが決まった。

こうして一九九一年六月から東京都教育委員会が本格的に調査を開始し、翌九二年四月から財団法人東京都埋蔵文化財センター（現在、公益財団法人）も本調査に加わり、それ以降一〇年間をかけて発掘調査がつづいたのである。

「土」がない

わたしたちが発掘に入った一九九二年はまだバブル時代の余韻があるころで、敷地内にあった住宅展示場には豪華な一戸建てモデルハウスがならんでいた。当時、携帯電話はまだ普及してなく、発掘現場での連絡には「ショルダーホン」という肩かけ電話や「ポケベル」を使っていた。パソコンも出はじめたばかりで、事務所ではワープロを使っていたことを覚えている。

目の前に広がる調査地には、一面におびただしい数の煉瓦や石、コンクリートなどの基礎構造物が重なりあうように広がっていた（図5）。〝いったい、どこから、どう調査したらいいのだろうか〟、わたしたちは不安になった。

というのも、通常の縄文時代や弥生時代、古代の遺跡調査では、土の堆積を層ごとに取り除き、大地に刻みこまれた痕跡を調査していくので、眼前に「土」が広がる場合が多い。しかしいま目の前には、近代以降の基礎構造物ばかりで、通常の遺跡調査では事前に取り除かれてしまうものであった。

〝そうだ「土」がないのだ！〟

それはあたかも日干し煉瓦でできた文明遺産の廃墟を目のあたりにする印象であった。それでも調査はまず、この基礎の確認からはじまったのである。

図5 ● 調査開始当初の光景
発掘現場には、かつての新橋停車場の建物基礎が累々と残っていた。左手奥はモデルハウスがならぶ住宅展示場。背後には貿易センタービルや新幹線、東京タワーが遠望できる。

慣れない発掘

発掘当初は、慣れないこの構造物を相手にどのように調査するのか悩んだ。しかし、近代の構造物とはいっても、発掘調査の手法が変わるものではない。おびただしい構造物も、基本的に古いものは新しいものによって壊されるといった連続の結果なので、新旧の関係を見きわめて記録化するという基本的な作業をおこなうことで歴史的な史料となる。

調査をつづけていくと、しだいにこの構造物にも、石、煉瓦、コンクリート、木など素材のちがいや新旧のちがいがあることがわかるようになった。たとえば排水処理の施設では、開業期の多くが石を組んだ溝や桝《ます》でできていたのが、やがて土管と煉瓦桝が使われ、後にコンクリートが使われるようになる。こうした資材の変遷もだんだん判断がつくようになっていった。

さらに出土遺物にも新旧の変化があることがわかり、観察内容や記録方法などの着眼点が定まった。その作業は地味だが貴重な遺物や図面となり、考古学的手法による新橋停車場の歴史を明らかにしていったのである。

3　なぜ汐留が鉄道始発駅に？

陸地だったころ?の汐留

新橋停車場のあった場所は、江戸時代以来「汐留」とよばれていた。江戸湾奥の西海岸にあたる海浜にちなむ地名である。現在は、ＪＲ新橋駅東（港区東新橋一丁目）の「汐留シオサイト」となり、高層のビル街に変貌している（図６）。遺跡の東に走る高速道路をへだてて、かつての浜御殿である「浜離宮恩賜庭園」が江戸海浜部の名残を伝えている。

汐留は、江戸時代の初期に海浜を埋め立てて大名屋敷となり、やがて新橋停車場となるのだが、発掘調査では先史時代に陸地だった痕跡が残っていることがわかった。汐留前史として記憶にとどめておこう。

発掘中のある日、「縄文土器が出ました！」と作業員から連絡を受けた。江戸時代以前は海中だったはずなので、「そんなことがあるのだろうか？」と半信半疑のまま現場に直行すると、仙台藩邸の中央海手に近い場所（現在の「ゆりかもめ」汐留

図６ • 汐留遺跡の新旧
色分けした３カ所が旧大名屋敷。ここが新橋停車場になる。青い点線で表示した箇所から縄文時代早期の土器が出土した。

駅の東側付近）で土器片が出土した。

出土した層は、海面からマイナス一・五～二・五メートル下で、関東ローム層のブロック土と砂礫層が混ざる土質であった。出土した縄文土器は、いずれも縄文時代の早期（約一万年前から七〇〇〇年前）の土器片で、七〇〇片ほどであった。

この層の上部には、約二〇〇〇年前の弥生時代に堆積した貝層がおおっていたので、それ以前の出来事であることがわかる。土器片の割れ口に水流による磨耗がないので、ほかから流されてきたとは考えがたい。海浜のこの地に台地の堆積層である関東ローム層のブロック土と土器片が混ざって出土する、この現象をどのように解釈すればよいかと思い悩んだが、その答えは、地理学的な研究によって理解することができた。

いまから六〇〇〇年前ごろ、縄文時代の早期末～前期に、日本列島は地球的規模の気候の温暖化の影響を受けて、平均気温は約三度上昇し、海水面の高さが現在よりも約三メートル高くなる環境変化が起こった。このとき汐留には、北方の本郷《ほんごう》方面からつづく本郷台地の先端がのびていたと考えられる。

出土した土器とローム土は、もともとこの台地上にあったが、海面上昇による海水よって台地が浸食された結果、ともに崩落し、汐留に残ったと考えられる。

かつて汐留にまで張りだしていた本郷台地の先端上には、縄文時代早期の生活の痕跡があったのである。海面下の調査による土器片の出土は、東京湾岸の自然環境の変化と地形変化を教えてくれた。

江戸湾岸の大名屋敷へ

縄文海進後の冷涼期に入ると、海は徐々に後退し、河川の沖積作用が進んだ。海進によって削られた旧本郷台地先端には旧平川《ひらかわ》や隅《すみ》田川《だがわ》の土砂が堆積し、中世までには砂州が広がった。この砂州は「江戸前島《えどまえしま》」とよばれ、汐留の北、現在の中央区あたりまで張りだす。

やがて徳川家康が江戸に入府するころには、汐留の地は「江戸前島」の先端の海浜に近い場所だったと考えられ、西側には日比谷《ひびや》の入江が、東側には江戸湊《えどみなと》が広がる地形となる（図7）。

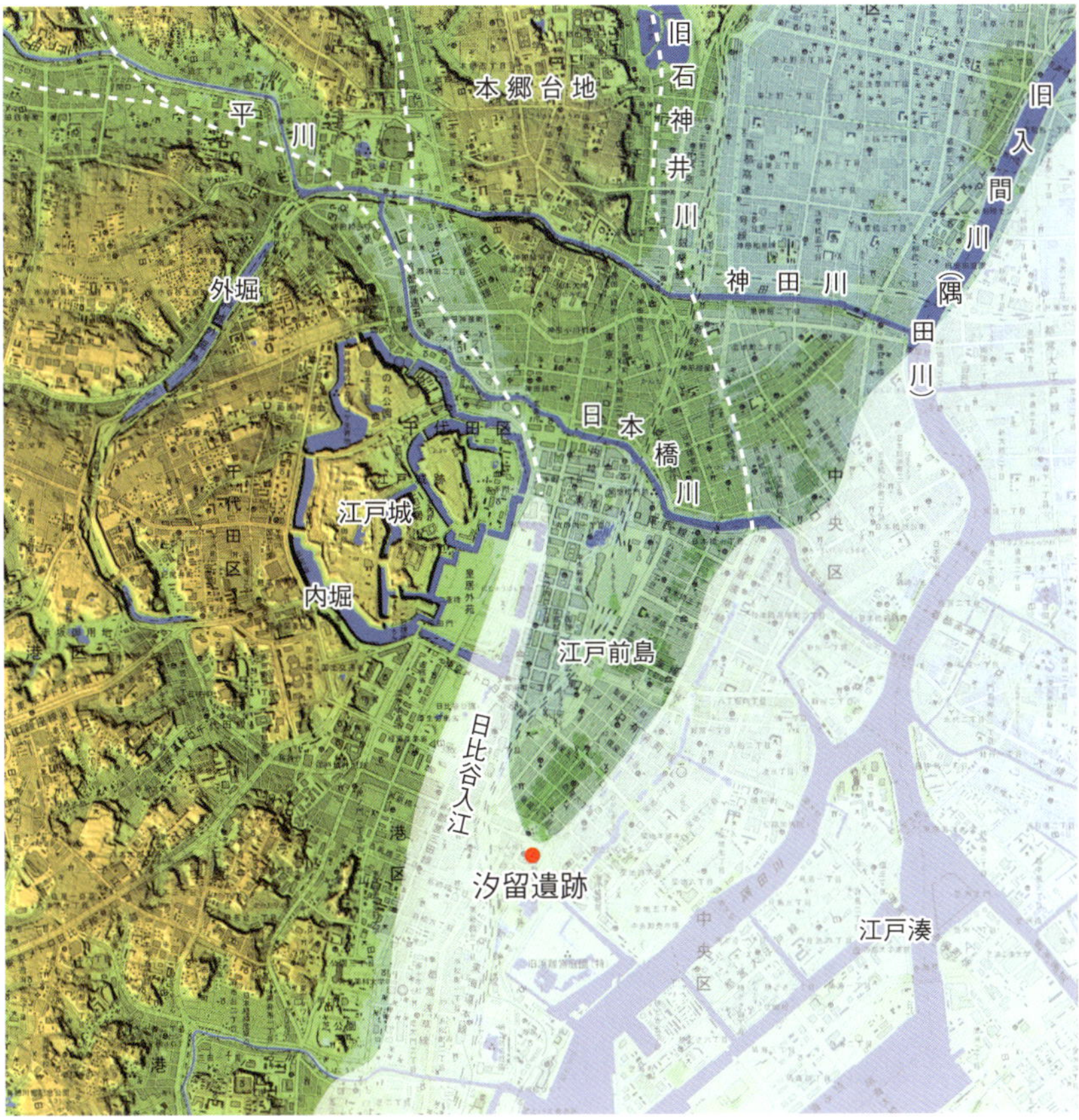

図7 ● 江戸造成前の地形想定図
汐留遺跡周辺は、現在の東京駅方面からのびる江戸前島の先端付近の海浜にあたる。いまより海岸線が内陸にある。

一六三二年（寛永九）の「武州《ぶしゅう》豊嶋郡《としまぐん》江戸《えど》庄図《しょうず》」を見ると汐留東側の日比谷の入江はすでに埋め立てられ、東海道筋と大名屋敷が広がっている。そして汐留付近には、北側に龍野藩邸ができているものの南側はまだ屋敷化せず、「御《お》鷹場《たかば》」と記されていて、葦の茂る江戸湊の海浜であったことがわかる。

その後、隣接する南側、龍野藩邸の南手に仙台藩邸、つづいて会津藩邸ができる。この海浜を屋敷地にするには各藩ともたいへんな造成工事をおこなった。土が波に流されるのを防ぐ土留め工事の遺構が見つかっている（図8）。さらに一七世紀後半には東側に浜御殿ができるなど、海手側の屋敷化が進んだ。この海浜にならぶ広大な大名屋敷が、後に汐留が鉄道用地になる大きな要因である。

図8 ● 仙台藩の土留め遺構

海浜の埋め立ては、土砂の流失を防ぎ、水を抜いていく必要がある。このために海面下に長さ2m杭を一定間隔で打ち、上部を細い竹で編みこみ、背後に牡蠣殻を詰めている（左）。右は、直線的にのびる土留め遺構。奥は、ゆりかもめ「新橋駅」。

第2章　はじめての鉄道建設

1　贈られた模型、つくった模型

鉄道という知識

鉄道は一八二五年、産業革命発祥の地イギリスで石炭輸送を目的として実用化し、一八三〇年にはリバプール〜マンチェスター間で本格的な運行をはじめた。一度に多くの人と物資を速く運ぶことができるこの交通手段は、産業の発展にともなって広がり、フランス、アメリカ、ベルギー、ドイツなどの欧米諸国でつぎつぎと開業し、一八三〇〜五〇年代は「鉄道の時代」ともいえた。

そのころの日本では、大量・遠距離輸送といえば大型船が唯一のものであった。しかし、大型船の建造は禁令で制限されていた。陸上の輸送手段も幕府の統制が厳しく、加えて河川の架橋も制限され、人びとが藩を越えて通行する場合は手形の携帯が必要であった。このように江戸時代には人・物資を遠隔地へ大量に高速で輸送する手段が生まれる土壌はなかったといえる。

　鉄道は、まず書物から知識として日本に伝わった。鎖国体制のなかで貿易を公認されていたオランダの商館長は、幕府に情報を伝えるために「別段風説書《べつだんふうせつがき》」を提出していたが、一八四〇年にアヘン戦争が起こると、バタヴィア（現、インドネシア・ジャカルタ）にあるオランダの植民地政庁はその影響を報告した。一八四六年（弘化三）以降は世界のさまざまな情報を盛り

日本の鉄道前史		
1825年（文政8）		イギリスで世界最初の鉄道建設（ストックトン～ダーリントン間）
1854年（嘉永7）	1月16日	アメリカ使節ペリー来航、蒸汽車模型を幕府に献上
1855年（安政2）		佐賀藩が汽車の模型つくる
1869年（明治2）	11月10日	政府、鉄道建設を決定
鉄道の建設		
1870年（明治3）	3月9日	エドモンド・モレル来日、建設師長に就任
	3月25日	汐留から鉄道建設の測量に着手（基準杭打設）
	6月	神奈川の築堤工事に着手
	10月	六郷川木橋工事に着手
	11月	新橋～横浜間線路の敷設に着手
1871年（明治4）	9月24日	エドモンド・モレル病死
1872年（明治5）	1月20日	品川停車場駅舎完成
	3月15日	横浜停車場駅舎・プラットホーム完成
	5月7日	横浜～品川間仮営業（一日2往復）
	6月25日	新橋・横浜間の全橋梁完成
	6月30日	新橋停車場駅舎・プラットホーム完成
	7月25日	新橋～品川間の線路の敷設完了
鉄道の開業		
1872年（明治5）	9月12日	開業式典の挙行（太陽暦10月14日）
	9月13日	新橋～横浜間営業開始（一日9往復旅客列車運転）
	12月3日	太陽暦採用（明治6年1月1日となる）
1873年（明治6）	9月15日	新橋～横浜間貨物の営業開始
躍進する鉄道		
1874年（明治7）	5月11日	大阪～神戸間開業
1877年（明治10）	6月19日	モース、新橋へむかう車中で大森貝塚を見つける
1879年（明治12）		初の日本人機関士誕生
1882年（明治15）	6月25日	東京馬車鉄道が開業（新橋～日本橋間）
1884年（明治17）	5月1日	日本鉄道上野～高崎間全通
1889年（明治22）	4月11日	甲武鉄道新宿～立川間開業
	7月1日	東海道線新橋～神戸間鉄道全通
1906年（明治39）		鉄道国有法公布
新橋停車場の終焉		
1914年（大正3）	12月20日	東京駅開業。新橋駅は汐留駅と改称し、貨物専用駅となる
1923年（大正12）	9月1日	関東大震災、新橋駅舎は焼失倒壊
1986年（昭和61）	11月1日	国鉄汐留貨物駅が廃止。国鉄分割民営化

表1 ● 新橋停車場の略年表

こむようになり、そこで外国での鉄道建設の動きを伝えた。この風説書は、これ以降も欧米諸国や植民地での鉄道建設の情報を伝えた。

また、一八五四年（嘉永七）、薩摩藩がオランダの書物を翻訳した『遠西奇器術《えんせいききじゅつ》』には、「蒸気車」の図解が掲げられ、その原理や構造が記されていた。こうして産業革命によって生まれた新技術が日本に伝わりはじめたが、それは知識としての鉄道との邂逅であった。

ちなみに同じころ、実際に鉄道を体験した日本人がいた。出漁中に遭難し、アメリカの捕鯨船に救助された中浜万次郎（ジョン万次郎）は、一八四一年（天保一二）～五一年（嘉永四）にアメリカに滞在したが、そのときに鉄道に乗っている。帰国後の取り調べのなかで万次郎は、車道に鉄を敷きわたし、火車（汽車）は一日に三百里ほども走り飛鳥のようだ、と語っている。また、一八五〇年（嘉永三）に遠州灘《えんしゅうなだ》で遭難し、アメリカ船に救助された浜田彦蔵も、アメリカで汽車に乗車した体験を自伝に記している。こうした体験は、日本人が鉄道を知るきっかけとはなったが、伝聞の範囲を超えるものではなかった。

鉄道模型の伝来と製作

日本人が実際に鉄道を目のあたりにしたのは、まず模型であった。

一八五三年（嘉永六）、ペリー率いるアメリカ海軍東インド艦隊の艦船四隻が、開国と通商を求めて浦賀に来航する。そして翌五四年（嘉永七）、回答を求めてふたたび来航した際に、将軍への献上品として蒸気機関車・客車の模型を持参した（図9）。模型といっても実際に走らせることができるもので、横浜の交渉会場で実際に線路を敷設して運転し、幕府の役人が客車の屋根に乗ってそのスピードを体験している。

また一八五三年（嘉永六）に、ロシア使節プチャーチンが軍艦四隻で長崎にあらわれた際に、ロシア軍艦内部を視察した佐賀藩士が艦内で蒸気機関車の模型が走るのを見ている。

こうした体験をきっかけにして国内で蒸気機関車の模型を実際に製作する動きが起こり、一八五五年（安政二）には佐賀藩が模型を製作し運転に成功している（図10）。また、薩摩藩や福岡藩でも模型を製作している。こうした模型の製作・運転によって、日本でも具体的な鉄道の知識が深まっていくことになる。

幕末の鉄道建設計画

その後、一八六〇年（万延元）には、日米修好通商条約の批准書交換のためアメリカに赴いた幕

図9●ペリーが献上した蒸気機関車の模型（『ペリー提督日本遠征記』の挿図）
ペリー再来時の、横浜での将軍への献上品陸揚げを描いたもの。左手にレールに乗る4分の1大のミニチュア蒸気機関車が見える。このほか炭水車と客車も贈られた。

府の使節団一行が、パナマで実際に鉄道に乗車する。このほか長州藩や薩摩藩が独自にヨーロッパへ派遣した留学生や使節が、近代化のためには鉄道が必要であることを認識するようになる。こうした幕藩政治に直接かかわる武士たちの鉄道体験と認識が、鉄道導入の大きな基礎となっていく。

一方、幕末には、居留地の外国人や商社関係者によるさまざまな鉄道建設計画がもちあがる。薩摩藩の五代友厚《ごだいともあつ》はベルギー人実業家モンブランと京都〜大坂間の鉄道敷設をふくめた商社の設立を計画している。また幕府は一八六七年（慶応三）、アメリカ公使館員ポートマンが申請した江戸〜横浜間の鉄道敷設計画に免許を与えた。この免許の内容は、敷設権はアメリカ側が独占的に保有すること、収益はすべて会社に帰属することなど、日本側に不利なものであった。しかし、時代は幕府から明治新政府への転換期にあり、結局、こうした鉄道計画は実現しなかった。

図10 ● 佐賀藩製作の蒸気車模型
後に鉄道建設を推進した若き大隈重信はこの模型の運転を見たといわれている。現在、鉄道記念物に指定されている。

2　鉄道を建設せよ！

明治政府の鉄道建設計画

明治新政府になると、居留外国人の鉄道建設要求はさらに増し、政府は対応を迫られることになる。政府内の大隈重信や伊藤博文らの開明派政治家も、国内の割拠性を打破し、交通を盛んにし、産業を発展させるためには鉄道が必要であると考え、積極的に推進していく。

その後、紆余曲折があるが、一八六九年（明治二）一一月一〇日に、政府はつぎのように廟《びょう》議《ぎ》決定する。

「幹線ハ東西両京ヲ連絡シ、枝線ハ東京ヨリ横浜ニ至リ、又琵琶湖辺ヨリ敦賀ニ達シ、別ニ一線ハ京都ヨリ神戸ニ至ルヘシ」

鉄道は、当初から東西両京を結ぶことを基本方針とし、東京〜横浜間は支線として計画されたものであった。

最初の鉄道建設が東京〜横浜間であったのは、このあいだは土地が平坦で、川が少ないという地理的条件に恵まれ、将来延伸する全国鉄道網の見本となる点、また人びとの往来に利するとともに、貿易の増大に利する点にあった。

こうして日本最初の鉄道は、建設資金こそイギリスから借りたが、建設・運営は政府が握るという自立的な体制で出発することになるのである。

しかし、決定したものの当時の鉄道建設への風当たりは強く世論の多くは反対で、政府部内でも兵部省は外国の侵略に利するとして激しく反対したという。鉄道事業を推進した伊藤博文は当時を回想して「暗殺の危険すら感じた」と述べている。やがてこの反対論が停車場用地の選定や路線計画に大きく影響していくことになる。

実際に東京〜横浜間の停車場や路線を決定した経緯はくわしくはわかっていない。東京の停車場が汐留に決まった理由は、築地にあった外国人居留地に隣接し、版籍奉還によって広大な旧大名屋敷地を利用できるといったことが要因と考えられる。

鉄道掛と井上勝

当初、建設工事は一八七〇年（明治三）三月一九日に民部・大蔵両省のもとに設置された鉄道掛がとりしきった。事務局は東京築地の旧尾張藩邸におかれた。同年一〇月に殖産興業の中枢機関として工部省が新設されると、鉄道掛もそのもとで業務を継続することになる。

翌一八七一年（明治四）八月、鉄道掛は鉄道寮に改称され、初代鉄道頭として井上勝《まさる》が任命される。彼は幕末に、伊藤博文、井上馨《かおる》らとともに密航してイギリスに渡った長州藩士の一人で、五年間にわたって土木と鉄道技術を学び、一八六八（明治元）、二六歳のときに帰国した経歴をもつ、技術官僚として嘱望された人物である。

この後、彼は鉄道庁長官になるなど長く日本の鉄道建設の陣頭指揮をとり、「日本鉄道の父」とよばれることになる。

3　お雇い外国人

エドモンド・モレル

こうして日本最初の鉄道建設は官営事業としてはじまったが、実際の鉄道建設は外国の技術に頼らなければならず、その技術をもつ外国人技術者からの習得を必要とした。「お雇い外国人」の雇用である。

鉄道関係で最初のお雇い外国人は、初代鉄道建築師長《しちょう》（建設の責任者）となったイギリス人エドモンド・モレルである（図11）。彼はイギリスの植民地で土木・炭鉱・鉄道などの建設に従事した経験をもつ二八歳の青年で、鉄道技術全般の指導・監督に加えて、鉄道関係の新規イギリス人技術者の選任、各種器材の検査などを担当した。彼の功績は、鉄道建設だけでなく技術に関する行政機関と技術教育機関の必要性を提言したことである。この進言を受けて、一八七〇年（明治三）閏一〇月に工部省が創設され、技術者養成については後に工部大学校の設立となって実現する。

モレルは五年間の契約であったが、一八七一年（明治四）九月、鉄道の完成を見ずに肺結核で病死した。短い期間だったが、日本に適した鉄道の建設と技術・

図11●エドモンド・モレル（1841～1871）
在職1年6カ月、鉄道建設とともに
人材育成の必要性を説いた。

産業の自立化を真摯に進めた技術者であったとして高く評価されている。彼はいま、付き添うように亡くなった妻とともに横浜外人墓地に眠っている（図12）。

お雇い外国人の仕事

さて、モレルのほかにも多くのお雇い外国人が鉄道建設に携わった。その役職は、上級役が「鉄道差配役」「建設師長」「建設副役」「建設助役」「汽車監察方」「運輸長」「書記官」、中級役が「倉庫方」「絵図師」「書記役」、下級役が「諸職工」などである。建設当初は高級役五名、中・下級役一四名の合計一九名を雇い入れて出発しているが、一八七四、七五年（明治七、八）にはもっとも増えて一〇〇名を超えている。

彼らは鉄道の建設計画の立案、測量、橋梁・隧道の設計、レールの敷設などにはじまり、運行計画、運転、運輸など鉄道全般の遂行・指導にあたった。日本ではじめての鉄道建設はほとんど彼らの指示でなされたといってもよいだろう。

図12 ● エドモンド・モレルの墓
墓は荒れ、所在も不詳となっていたが、1934年（昭和9）、乗車券収集家中山氏により切符形の墓標が再建された（左下）。鉄道記念物に指定されている。

4　線路を支える江戸の技術

測量

こうして新橋〜横浜間二九キロの鉄道建設がはじまる（図13）。まずは測量である。

測量は六郷川《ろくごうがわ》を境に、新橋と横浜の東西両端からおこなわれることになり、東京の汐留付近は一八七〇年（明治三）三月二五日から、つづいて四月には横浜の野毛浦《のげうら》海岸からもはじまった。

このとき東京側の測量に参加した土木技師、武者満歌《むしゃまんか》が後年に語った聞き書きが残っている。武者は一八四八年（嘉永元）生まれの幕臣で、幕末には幕府の軍艦操練所で算術や測量を学んだ経歴をもっていた。モレルの学科試験に合格し、鉄道掛に測量助手として採用された。

彼の回想によれば、測量は建設副役のジョン・ダイアックと通訳、彼の三人でおこなった。新橋を起点とする測量の第一杭は彼らによって打ちこまれた。このときダイアックは長靴と作業服姿であったが、日本人二人は

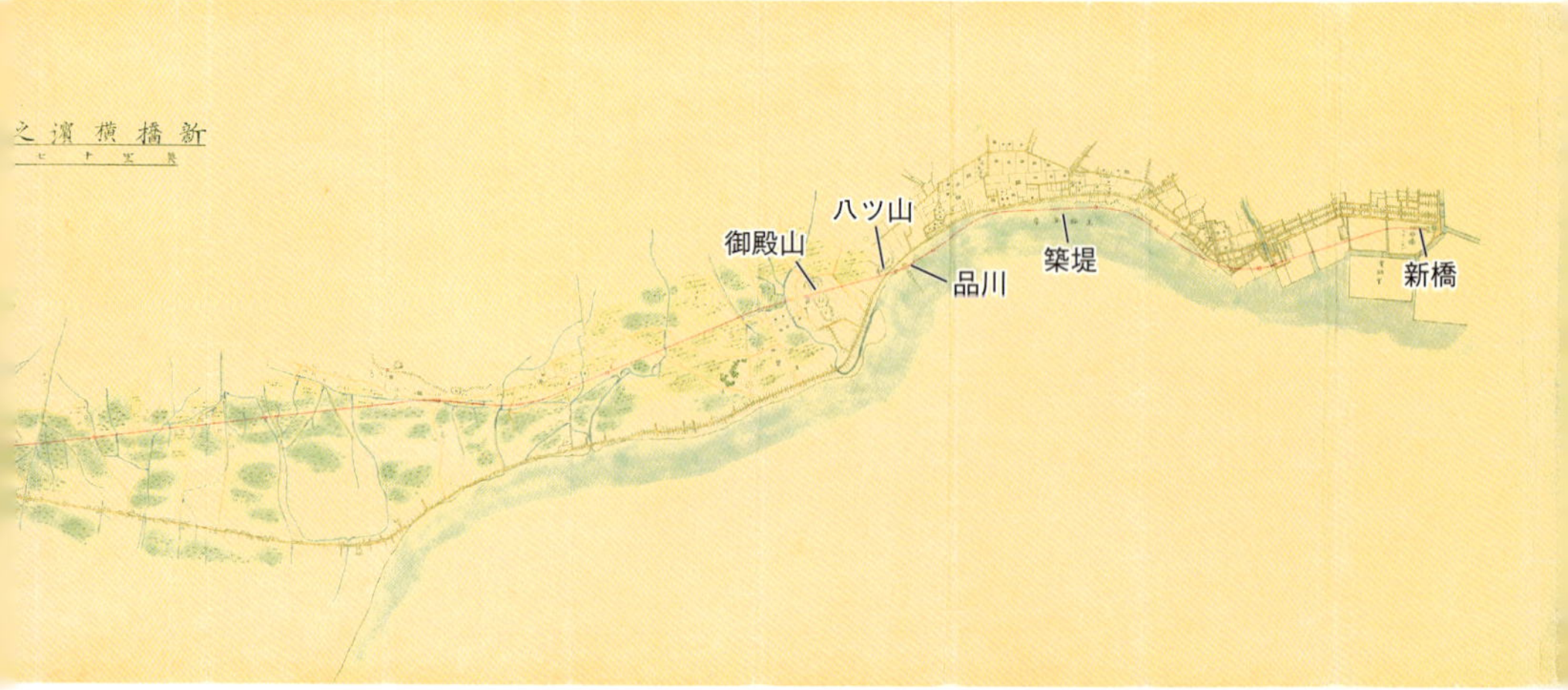

袴《はかま》・股引《ももひき》・脚絆《きゃはん》という出で立ちで、両刀を差し、髷《まげ》を結って陣笠をかぶる姿で従事したため、能率が悪く、廃刀の嘆願をしてようやく許可をもらったという。また、兵部省が鉄道反対であったために、兵部省が管轄する土地への立ち入りが許されず、高輪周辺の海岸線の測量は干潮時を見計らって海に入って作業した。足もとはぬかるみ、満潮時には撤収しなければならなかったなどの苦心談が伝わっている。

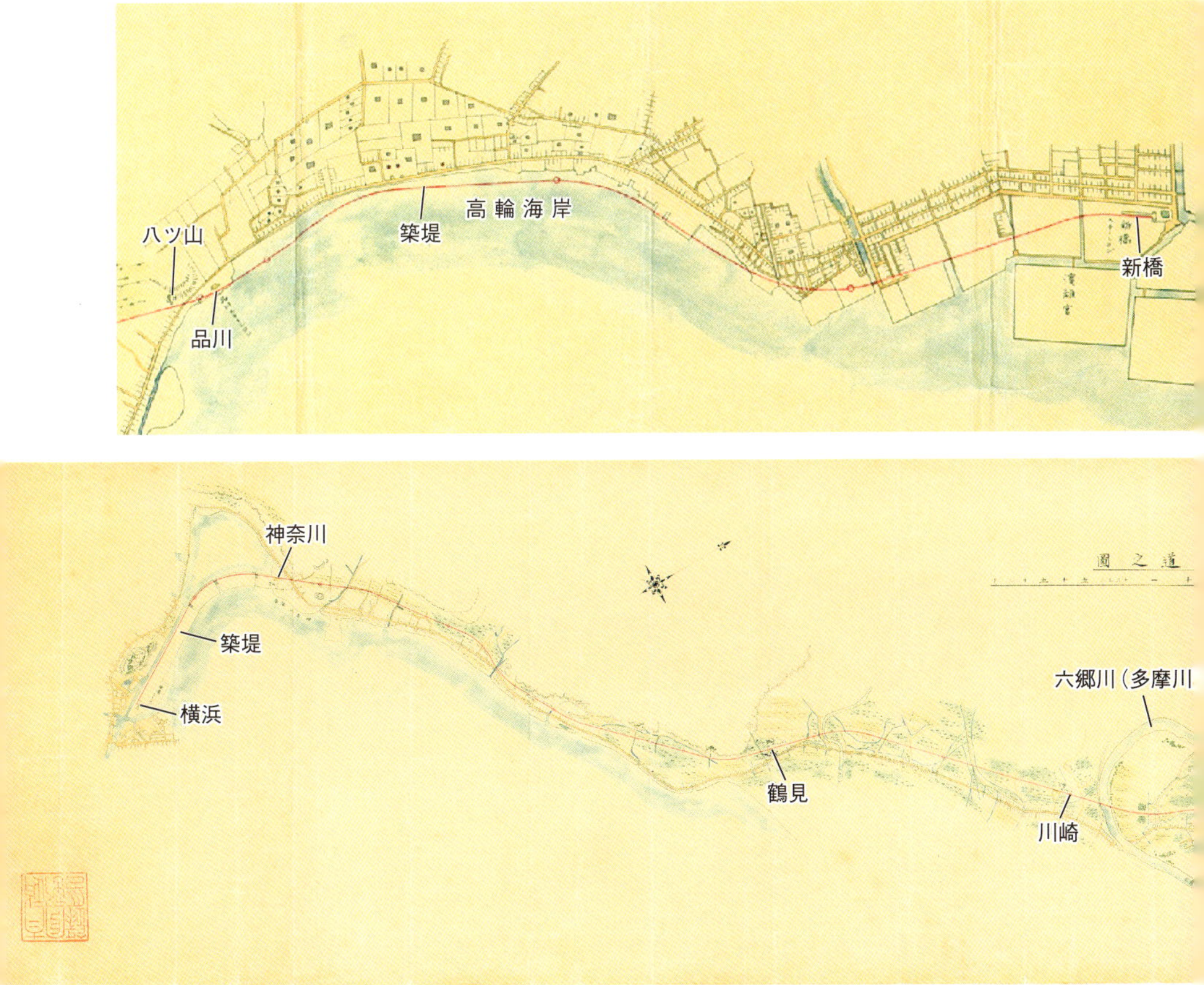

図 13 ● 新橋横浜之間鉄道之図
工部省が 1872 年（明治５）に太政官に提出したと伝えられている路線図。細い赤線が鉄道路線で、太く見える線が東海道筋。各駅（ステーション）が記され、路線と地形の関係が詳細にわかる。「新橋ステーション」には駅舎とプラットホームが描かれている。

築堤・盛り土・架橋

結局、新橋より南の線路は、兵部省の反対によって海沿いの土地を通すことができず、本芝《もとしば》から高輪《たかなわ》海岸をへて品川までは海のなかに築堤《ちくてい》することになる（図13上・14）。工事は高輪の大木戸《おおきど》を境に工区を二つに分けておこなわれ、南の高輪側は一八七〇年（明治三）一〇月に、北側の田町《たまち》側は翌年六月にそれぞれ着工した。

築堤は品川の八《や》ツ山《やま》や御殿山《ごてんやま》を切り崩した土砂で埋め立て、堤の石垣用石材は高輪海岸の石垣や、幕府が江戸湾防備のためにつくった砲台の一つ、第七台場《だいば》の石垣などを流用した。

高輪側の工事は順調に進み翌年四月に完成するが、田町方面の工事はせっかく埋め立てた土砂が波に洗い流されて築堤が崩壊するなど難工事のため工期がのび、結局、この芝浦〜田町間の築堤石垣積みが鉄道建設の最終工事となり、一八七二年（明治五）九月にほぼ完成する。築堤は長さ約

図14●高輪の築堤工事（『The Far East』より）
海中に土砂を台形状に盛りあげ、堤の上面を平坦にし、堤下部分は石垣を積んだ。この写真は工事途中の姿。要所に東海道と築堤を結ぶ道がつくられた。海水面と築堤の比高があまりなく、頻繁に高波の被害を受けた。築堤は鉄道名所として多くの錦絵に描かれている。

図15 ● 横浜停車場の場所（『新鐫横浜全圖』）
横浜停車場用地は「新地」、築堤部分は「蒸気車鉄道」と記され、築堤が湾曲して神奈川駅へむかう。この図は1870年（明治3）の測量結果が反映されている。

図16 ● 建設中の横浜停車場（『The Far East』より）
駅舎がひときわ白く浮くように建つ。プラットホームはまだない。新橋同様に、アメリカ人建築家R. P. ブリジェンスが設計した。現在の桜木町駅の位置になる。

二六五四・五メートル、平均幅六・四メートルで、あいだには船が通り抜けられるように堤を切って橋が四つ架けられた。

築堤部分は発掘調査されていないので実際の構造などはわからないが、工事は台場の築造にかかわった人たちが担当したことから、台場と同様の在来工法が用いられたと考えられる。基礎工事の工法については、後章でみる新橋停車場駅舎の構造と類似したものが想定できる。

さて一方、横浜側は、外国人居留地に停車場を建設する適当な土地がなく、神奈川県が埋め立てた海岸敷地を線路および停車場敷地として譲り受けて建設された（図15・16）。加えてここから神奈川青木《あおき》町までは、地形上の理由から、海中に弧状に築堤を築くこととなった。

横浜石崎《いしざき》から神奈川青木までの長さ七七〇間（約一四〇〇メートル）、幅四二間（七五・六メートル）の築堤は、幅五間（九メートル）を

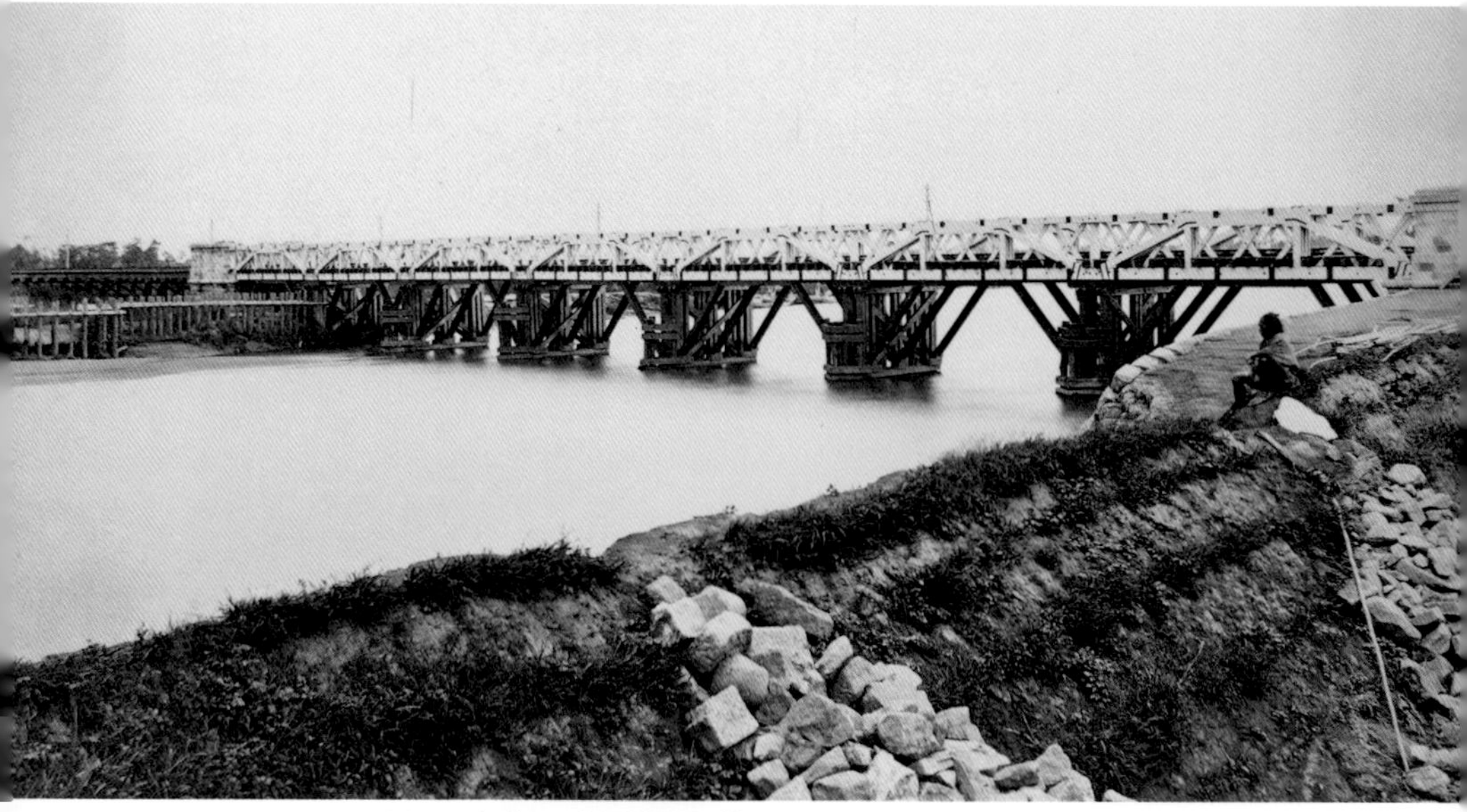

図17●完成した六郷川橋梁（『The Far East』より）
鉄道工事最大の難所のひとつであった。手前が川崎側で、土手に護岸石に使われた破砕石が残されている。橋桁はヒノキ製で、西洋トラス組技法を用いている。1877年（明治10）に鉄橋に架けかえられた。

鉄道線路用地に、幅六間（一〇・八メートル）を道路用地に、残りの幅三一間（五五・八メートル）を請負人の土地とするものであった。公募の結果、この鉄道工事での最初の請負契約は横浜の実業家であり易断家《えきだん》でもあった高島《たかしま》嘉右衛門《かえもん》が請負い、築堤工事は一八七〇年（明治三）六月着工し、翌年二月竣工した。高島の名は高島町という地名に残っている。

また、新橋・横浜間には第一橋から第二二橋まで橋が架けられた。すべて木製橋で、橋台や基礎などには石材が使われた。区間最大の長さの六郷川（多摩川）の橋（六二三・六メートル）は一八七〇年（明治三）一〇月より工事がはじまり翌年一〇月に完成する（図17・18）。

また、芝新銭座《しばしんせんざ》（約一・六キロ）、東海寺《とうかいじ》裏から六郷橋まで（約九・二五キロ）、六郷橋から横浜まで（約一二・七三キロ）がレール敷設のため盛り土された。

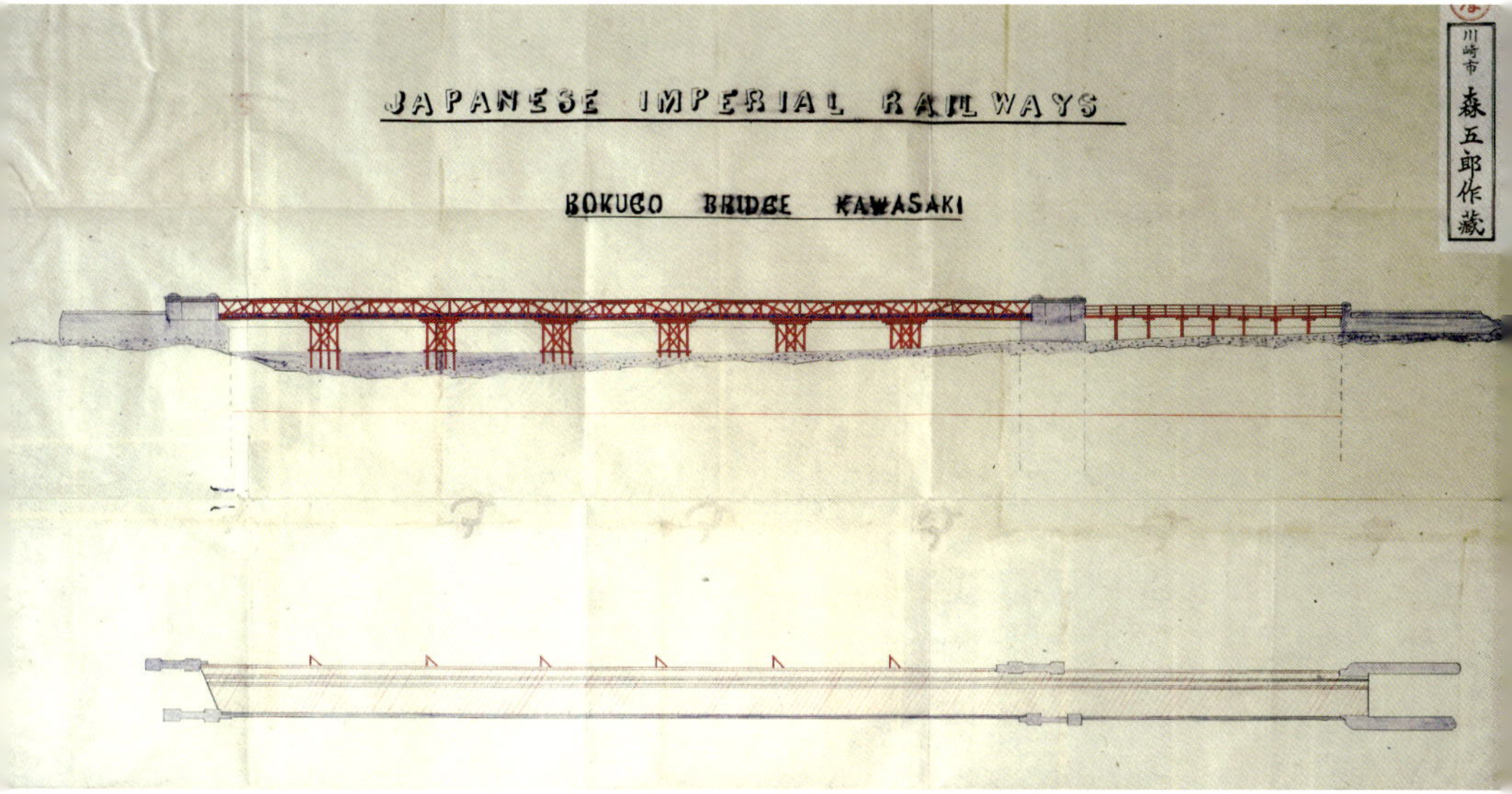

図18 ● 六郷川橋梁の図
本橋と水抜き用の避溢橋（ひいつきょう、右）とに分かれる。本橋部は114.5m、橋脚間は16.5mで7連となっている。三つの橋台は石製。橋脚を図17と比較すると、実際は橋脚補強トラスがあるのがわかる。下図は線路面。橋上板張りをし、その上に道床を設けた。向かって左が川崎方面。この西洋式の橋梁も日本の大工が建設した。

レールの敷設

路線の盛り土や橋ができると、つぎはレールの敷設である。開業時に使われたレールは、長さ二四フィート（七・三メートル）、一ヤード（九一四ミリ）あたり重量六〇ポンド（二七・二キロ）の双頭レールである（図19）。当時、日本にはレールを製造する技術はなく、イギリスから輸入した。

双頭レールとは、上と下が同じ形状をしていて、反転して使うことができるものである。当初の計画では、枕木も鉄製のものをイギリスから購入する予定であったが、レール購入に費用がかさんだことと、日本は樹木が豊富だったこともあって、モレルの意見を取り入れ木製枕木を採用した。

なお、鉄道レールの幅（ゲージ）は、狭軌《きょうき》とよばれる三フィート六インチ（一・〇六七メートル）を採用した。決定までの過程は明らかではないが、モレルは、海岸線に山が迫りカーブが多い日本の地理上の特質から狭軌の採用を進言したともいわれている。また当時、植民地に狭軌が多いという事実もある。その後、何度か標準軌（一・四三五メートル）への改軌論が提案されるものの、狭軌は現在にいたるまで問題を抱えながらつづき、いまでも新幹線や関西の一部私鉄をのぞいて用いられている。

レールの敷設は、資材が横浜港に着いたため、横浜側から順次実施されていった。レールの取り付けは、鋳鉄製のチェアー（座鉄）にはめこみ、木製の楔で締め、さらにチェアーを枕木にネジまたはスパイク（釘）で固定した（図20）。

図 19 ● 双頭レール（左）**と平底レール**（右）
出土した双頭レール（錬鉄製）には「DARLINGTON IRON Co 70 IGJR」銘があり、1870年のイギリス・ダーリントン社製で、日本からの発注品。明治10年代前半には双頭レールの使用は終わり、以降は鋼鉄製平底レールを使用する。

図 20 ● チェアー（左上）**とスパイク**（右上）
釘頭部が犬の頭部に似ることからドッグスパイク（犬釘）とよばれる。
下の写真は、双頭レールとチェアーを枕木に装着した復元例。

こうして固定したレールの周囲は、「道床」とよばれる砂利でおおった。道床は、レールの外側はほぼレールの頭と同じ高さまで敷き、内側はレール頭から二インチ（五・一センチ）下まで敷いた。このため枕木は道床でおおわれた。たしかに開業時の新橋停車場の写真（図25参照）などを見ると、そのようにおおわれていることがわかる。ただし、大森貝塚の発掘時の絵では枕木は見えている（図1参照）。

5　蒸気機関車第1号

蒸気機関車と客車・貨車

蒸気機関車と客車・貨車はすべてイギリスから輸入された。蒸気機関車は開業時は一〇両で、いずれもイギリス

図21●現役時代の1号機関車
この1号車は1911年（明治44）まで改造されながら各所で使われ、現在は日本鉄道史の貴重な資料として鉄道博物館に展示されている。

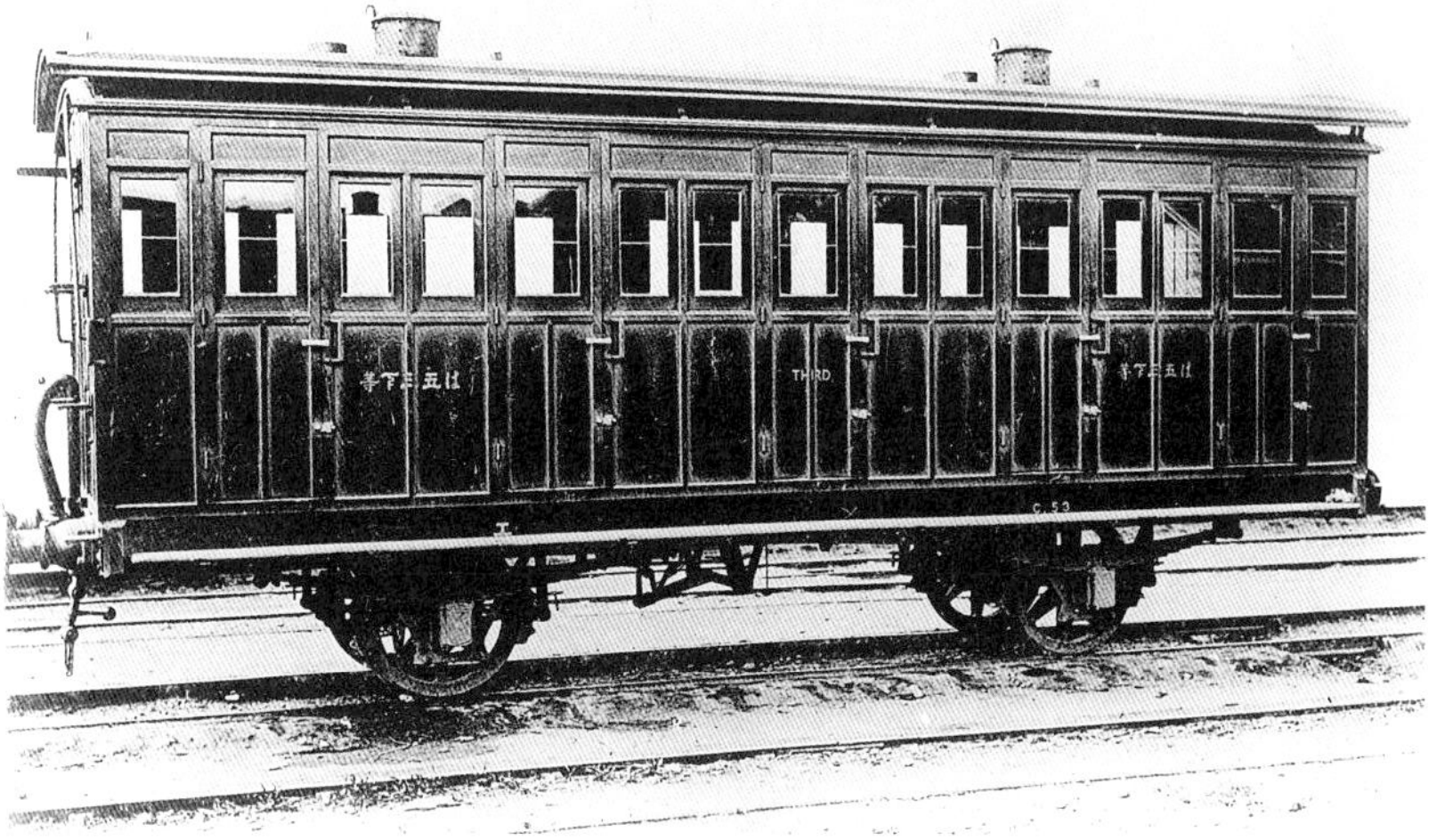

図22 ● 下等客車
木製で台枠には鋼材と木材が使用された。屋根にある
二つの突起は油燈（ランプ）を差し入れる口。

図23 ● 貨車
車体は木製。後に台枠が鉄製になり、車両数は著しく増加し、
鮮魚・油などに専用の貨車が用いられるようになる。

製四輪連結タンク機関車であった。製造会社は五社で、車種も五種類と多かったため、機械部品の転用ができず、加えてそのうち四両が使用成績不良という状態であった。

現在、当初輸入した機関車のうち、二両が鉄道記念物として保存されている。その一つ「1号機関車」(一五〇系、図21)はバルカン・ファウンドリー社が製造したもので、現在、国の重要文化財に指定され、鉄道博物館に保存されている。もう一つの「3号機関車」(一一〇系)はヨークシャー・エンジン社製で、青梅鉄道公園内に保存されている。

客車・貨車もイギリスから輸入された(図22・23)。客車は上等車一〇両、中等車四〇両、荷物緩急車(ブレーキがついた車両)八両の計五八両を購入し、そのうち中等車二六両を下等車に改造している。

客車の車体は木製で、台枠は鋼材と木材でできていた。上・中等車は中央の通路をはさんで窓際にロングシートがあり、下等車は三つの部屋に分かれた区分室式のものが多かった。乗車定員は、上等一八人、中等二二人、下等三六人であった。当時の客車は、長さが六・一〜七・三メートルと短く、また便所もなく、照明は油燈《ゆとう》(ランプ)であった。

貨車は有蓋《ゆうがい》・無蓋《むがい》合わせて七五両購入している。有蓋車が五トン積み、無蓋車が六トン積みであった。貨物の輸送は、開業から一年遅れの一八七三(明治六)九月からはじまる。

こうして日本最初の鉄道の線路がつくられ、車両が用意された。

では、いよいよ次章で、発掘調査した新橋停車場を見ていこう。

第3章　姿をあらわした新橋停車場

1　白き洋風駅舎

一大基地、新橋停車場

現在、わたしたちが「駅」といわれて思い浮かべるのは、券売機や改札と駅長室などがある駅舎とプラットホームだろうが、新橋停車場はそれに加えて、機関車や客車の車庫、燃料である石炭を保管する倉庫、修理工場、それに職員の宿舎などがある鉄道の一大基地であった。

開業時の新橋〜横浜間の鉄道施設の費用や内容を記した「従東京新橋至横浜野毛浦鉄道諸建築費用綱目」によれば、新橋停車場にはおもなものだけでも、つぎの施設があった（図24）。

駅舎（西洋造二階建て・平屋《ひらや》）

プラットホーム（乗車場・便所）

客車庫・荷物庫・荷物積所・板庫

石炭庫
機関車庫
インジニール官舎と厩《うまや》
工夫外国人官舎
機関車修復所
水溜
大車台《だいしゃだい》（機関車用転車台《てんしゃだい》）
三ツ車台（貨車用転車台）

これらのほとんどが発掘調査によって確認されている。本章ではその代表的な施設を見ていこう。

堂々たる西洋建築

新橋停車場の駅舎本屋《ほんおく》は、左右二棟の建物の間を木造平屋でつないで一つの建物に見せる堂々とした西洋建築であ

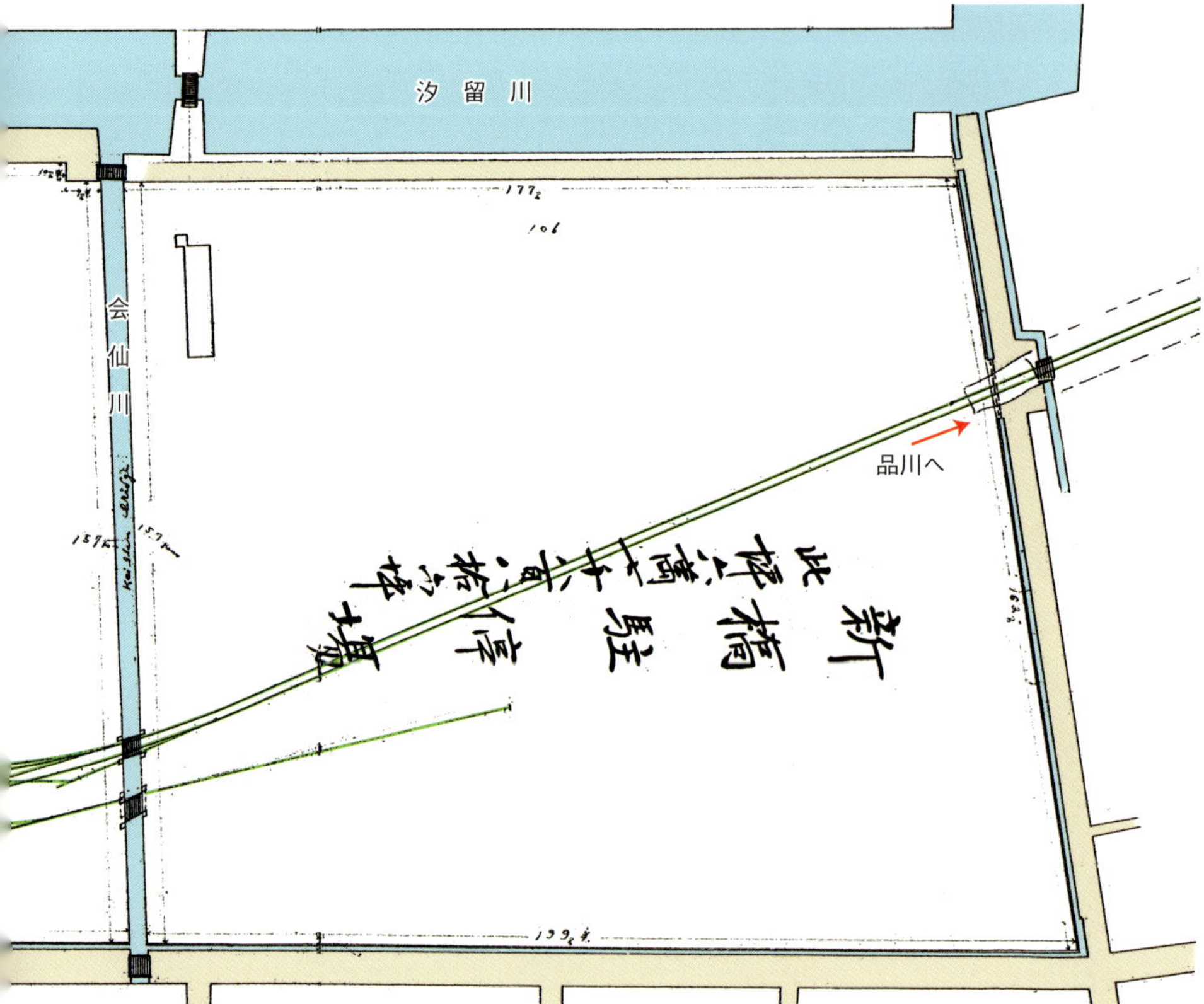

った（図25）。横浜停車場も同規模・構造である（図16参照）。この本屋にコンコースとプラットホームがつながるが、新橋停車場ではプラットホームは中央に、横浜停車場では北側に寄っていた。

設計したのはアメリカ人建築家R・P・ブリジェンス。幕末の一八六四年（元治元）に来日し、横浜の外国人居留地で土木建築事務所を開設した人物で、日本の初期西洋建築の傑作といわれる築地ホテルの設計にもかかわっている。鉄道建設がイギリス主導で進むなかで、アメリカ人の彼は異色の建築家であったといわ

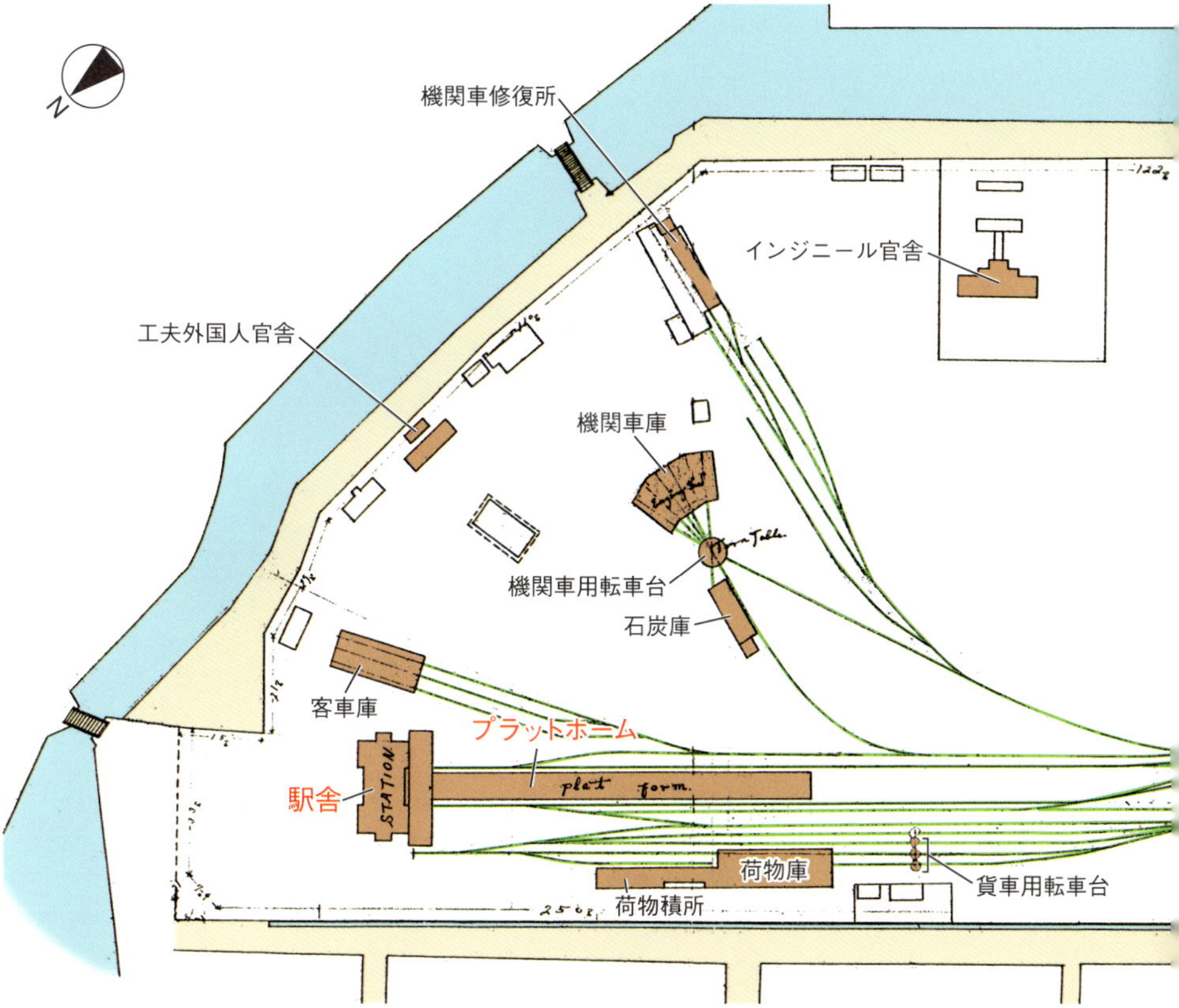

図24 ● 開業したころの構内の姿（1874年〔明治7〕ごろ）
開業時の構内図は残されていない。本図が開業時の構内に近い図となる。開業時の施設を茶色で示した。この時点ではまだ構内の北側に諸施設が散在しているのがわかる。

れる。

駅舎は、設計図や建築内容を書きとめた資料が現在のところ見つかっていないが、木製の柱・梁《はり》を骨組みにして、その外側に石をはって外壁とする「木骨石貼り《もっこついしばり》」とよばれる建築技法でできていた。

屋根は瓦葺《かわらぶ》きで、軒先に木製銅板張りの縁帯《えんたい》がめぐる。駅舎側面の中央二カ所には長さ約六メートル、幅約二メートルの張りだしがある。平屋正面（図2参照）の石造りの階段を上がると中央に広間があり、奥の出札所を通ってコンコースへとつながる。この左右に便所が張りだしていた。両側の本屋は旅客の上等と中・下等によって使いわけられ、それぞれに待合

図25 ● 駅舎とプラットホーム（『The Far East』より）
左手のホームからコンコースをはさんで駅舎につながる。コンコースの両端には便所がある。中央の車止めの背後が基点となった0哩（マイル）地点。

所・出札所を配していた。二階は事務室である。駅舎の建築は一八七一（明治四）三月に着工し、七二年（明治五）四月に完成している。なお、途中駅の品川・川崎・鶴見・神奈川の駅舎は和洋折衷の木造平屋であった。

あらわれた駅舎の基礎

この駅舎は関東大震災で罹災し、その後、取り壊され、汐留貨物駅時代のさまざまな施設によって跡形もなくなったと考えられていた。しかし、発掘調査してみると、上屋《うわや》はなくなっていたものの、地表から二〇センチほどの直下に基礎が残っていた。その後驚いたことに、調査が進むと、駅舎とプラットホームの基礎の石積《いしづ》みは、ほぼ開業期の姿のまま残っていることがわかった（図26）。

駅舎本屋の基礎は、部分的に壊されていたが、基礎の正面（長辺）が三五・五メートル、側面（短辺）が二二・〇メートルであった。記録では、正面三三・七メートル、側面二〇・八メートルなので、発掘した基礎が一まわり大きいことになる。駅舎の両側面中央の張りだしの基礎も残っていた。

調査では、残っていた基礎を極力壊さないようにトレンチを掘り、どのような構造をしているのか観察した。左右二棟の本屋の基礎は、幅一メートルほどに細長く溝を掘り、そのなかに長さ二間（三・六メートル）もの丸太杭を規則的に打ちこんでいた（図27）。二棟に使われた基《き》礎杭《そくい》は約一〇〇〇本にもなると想定される。

図26 ●
あらわれた駅舎とプラットホーム
駅舎とホーム全体を俯瞰した合成写真。下の建物はゆりかもめ「新橋駅」だが、旧ホームを合成するため写真上、新橋駅をカットしている。ホームとコンコースにまたがる三角形状の部分が、1965年に「旧新橋横浜間鉄道創設起点跡」として国史跡に指定された範囲。

そして杭の間には岩石を打ちわった割栗石《わりぐりいし》と瓦片を詰めこみ、その上に基礎石を組み上げている。とても堅牢な基礎工事をおこなっていたことに驚いた。

駅舎建築を請け負った大工棟梁の大島盈株《みつもと》は、「基礎工事には甚だ念を入れたもので、地を深く掘り松杭を打ち込み、割栗石を入れて至極堅固にいたしました」と述懐している。まさにそのとおりの土木工事であった。高輪の築堤とともに、幕末に台場をつくったのと同じ日本の在来工法が西洋建築を支えていたのである。

基礎に使用した石は凝灰岩《ぎょうかいがん》製の長方体の切石《きりいし》で、小口《こぐち》面と長手《ながて》面とを段ごとに交互にして積んでいる（図28）。よく観察すると、小口面は台形をしていて、下段の一段目と四段目の石は二、三段目の石より若干大きいものが意図的に使われている。また、もっとも残りの良いところで五段残っており、

図27 ● 駅舎基礎の構造
右：外壁などの重みがかかる基礎石の下には、長さ3.6mの松杭を2本単位で打ちこみ、上は横木をのせカスガイで留めていた。左：杭の間に50cmほどの丸石を詰めこみ、基礎石の下は割栗石と瓦片で突きかためてある。杭は水気を帯びて腐朽せずに残っていた。

図28 ● **駅舎基礎石積み**
下の4段が土中に埋もれる基礎部分。表面の調整も粗いままである。

図29 ● **奇跡的に残っていた駅舎入り口のステップ**
ステップ下に基礎杭はなく、破砕礫を突きかためた上に基礎石を1段ならべ、ステップをのせている。駅舎の上部構造を知るうえで貴重な1段である。多くの人びとが踏んだであろうことを思うと感慨深いものがある。現在、このステップは元の位置のまま保存されて、見ることができる。

本来は四段目までが土中に埋まる基礎部分にあたり、五段より上は地上部分と考えられる。

二つの本屋の間の平屋は、出入り口のステップ部を除いたコンコースまで間口・奥行きともに八間×八間（一四・〇×一四・〇メートル）。屋根は亜鉛張り（トタン）で明かりとりにガラスが使われていた。平屋部分の基礎は一六本の柱を支えていたと考えられる。うち一二本の基礎を確認した。中央部の四つの基礎は円礫《えんれき》を用い、ほかは本屋同様に凝灰岩製の長方体の切石を用いていた。コンコースとの境には基礎石列を確認した。同じく出入り口側ステップ（図29）との境界にも基礎石列があったと考えられるが、一部を除いて後世に取り除かれている。

平屋とプラットホームをつなぐコンコースには、三カ所に上屋がつくられている。その東西幅は駅舎のそれよりは広く、約四〇メートル弱の規模である。このコンコースの左右に張りだして便所が設置されている。

2　プラットホーム

一五一・五メートルのプラットホーム

当時、プラットホームは「乗車場」とよばれていた。記録に「石垣長五百尺、幅三十尺、高四尺」とあり、駅舎につづき一八七一年（明治四）一一月に着工し、翌年六月に完成した（図30）。発掘調査では、長さ一五一・五メートル、幅九・一メートルの基礎を確認し、長さも幅も記録と一致していることがわかった。なお横浜停車場のプラットホームは長さ九〇・九メートル、幅一一・二一メートルと、新橋停車場とくらべると長さが短く、幅が広い。

基礎構造は図31・32のようになっている。プラットホームの石組みは、駅舎と同じ石材を用いているが、積み方が異なっている。下段は小口面をそろえて横にびっしりとならべ、これを基礎石とする。その上の段には基礎石に直交して長辺（長手）と短辺（小口）を交互にして重ねる、いわゆる「ブラフ積み」とよばれる方法をとる。本来の石積みは基礎石をぬいて五段で、一番上には笠石とよばれる石があるが、現存していない。記録に高さが「四尺」とあるのは、基礎石を除いた笠石までの高さを記したものと考えられる。

さらに調査によって、この石段の下には、先端部を除いて、径四〇〜五〇センチほどの円石をしきつめて土台としていたことがわかった。この石の多くは江戸時代の大名屋敷で

図30●開業式直前の新橋停車場
ホーム手前に設けられたのは式典用の仮設屋根。菊紋の幔幕と色旗が強い風に大きくはためいている。よく見ると屋根の一部が破損してめくれあがっている。ホーム奥に機関車と客車が見える。開業式は、予定した9月9日が悪天候のため12日に延期された。写真は9日か翌10日の撮影と考えられる。

図31 • プラットホームの石積み
3段の切石が残っている。この上に1段積み、その上に笠石（安山岩製）がのる。石積みはホームの外壁として露出するため表面を平滑に仕上げ、隙間なく直立させている。最下部に円石がならぶ。

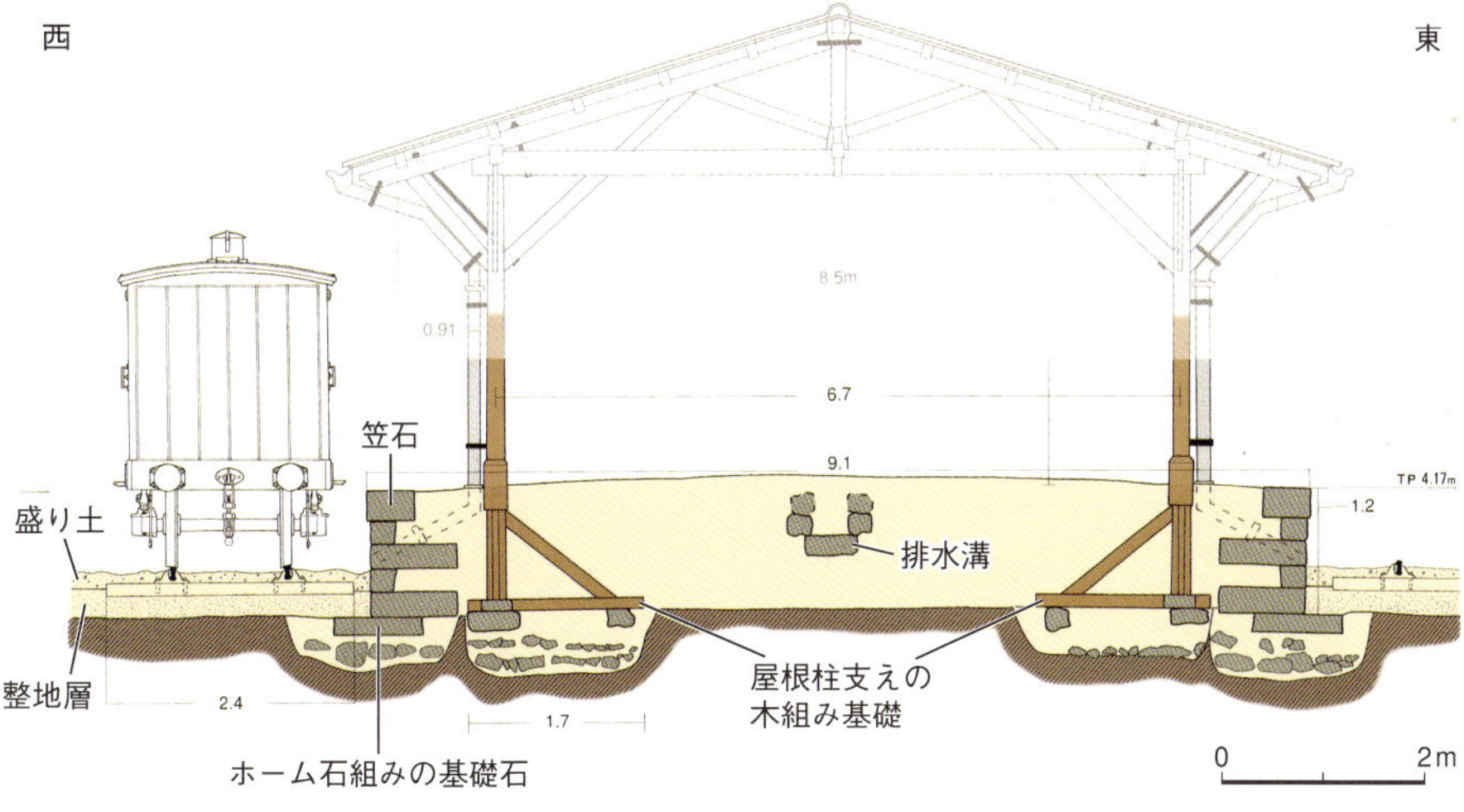

図32 • プラットホームの復元断面図
調査成果と記録類から復元したプラットホームの構造。図25・30のホームの石を見ると、笠石の下2段が露出し、その下は埋もれていることがわかる。

使われていた礎石などを転用している。またホーム中央には石組みの排水溝がつくられていた。記録によると、プラットホームには「桁行三百尺、梁間二十二尺」の上屋がかかっていたという。図30を見てもそのことがわかる。上屋の屋根には駅舎と同じく亜鉛を張り、柱などはペンキを塗ってあった。

発掘調査で、屋根柱を支えるT字の掘りこみと基礎石がホームにそって見つかった。間隔は二間（三・六メートル）で、記録どおり長さ約九一メートル、幅六・六六メートルと考えられる。屋根の支柱といえどもその基礎は入念で、T字形の掘りこみのなかに、底面に接してやや大ぶりの石を敷きつめ、さらにその上に小ぶりな石を敷きかため、その上に凝灰岩の切石をおいて、T字形木組み基礎の土台としている。最下部には杭が打たれていた。こうしたホームの断面構造を図32のように復元した。

プラットホームが沈む謎

一枚の写真を見ていただこう（図33）。上に見える横に長い石組みがプラットホームで、左側が駅舎の方向である。このホームに並行して下の土層を断ち割った断面写真である。

注目したいのは、プラットホームの中央部分が下へ、わずかに沈んでいることである。ホームを調査している時点では、なぜここが沈んでいるのかわからなかった。調査が進み、下層の江戸時代の堀の調査に至り、沈降した場所がこの堀の上部にあたることがわかった。

プラットホーム下は江戸時代の大名屋敷を区画する石垣の堀であった。プラットホームはこの堀と直交し、堀を埋め立ててつくられた。

堀の石垣は、上部の数段が取り除かれているものの、下段は写真のように残したまま埋められている。基礎に土台木を敷き、その上に石垣を積み、背後には裏込《うらご》め石《いし》を詰めている。堀の幅は一番下で三・四メートル、土台木は海水面よりマイナス一メートルほどの高さにおかれてある。土台木よりホーム下段石までは三・五メートルある。

龍野藩・仙台藩ともに屋敷地はていねいに盛り土整地し、もともと海だった土地を安定した地盤にしているが、堀は周囲と比較すれば軟弱であった。鉄道建設時にもこの堀は瓦礫《がれき》をつめただけだったので、プラットホームが沈んだと考えられる。最大で二〇センチほど沈んだであろうプラットホームは使用時に支障はなかったのか不思議だが、残る基礎石には修復の痕跡はなく、上部で補強などしたのだろうか。

図33 • **江戸時代の堀をまたぐプラットホーム**
この堀がつくられたのは江戸時代初期の17世紀前半。以降、江戸期を通じて排水と屋敷の境溝として機能した。1870年（明治3）3月25日に汐留から測量をはじめ、つづいて4月12日には元龍野、仙台、会津各藩邸の地均し工事を開始した。堀はこのとき埋め立てられ、12月にはホーム建設に着工する。

3　堅牢な転車台

機関車用転車台

図24を見ると、南から入線してきた本線がプラットホームに入る手前で、支線が東に分かれ、構内の中央あたりに描かれた円を通って扇形の場所に行き止まっている。この円が「大車台」とか「ターンテーブル」とよばれた、機関車が方向を変えるための転車台で、背後にある扇形が機関車庫である。

蒸気機関車は、現在の電気機関車やディーゼル機関車と異なり、バックでの運転性能が限られていたことから、蒸気機関車を使用していた時代には、ターミナル駅や車両基地には必ず設置されていた施設だ。発掘調査では、この機関車用転車台と機関車庫の基礎が見つかっている（図34）。

確認した転車台の遺構は、円形の基礎部分（図35）。中心に据えてあった回転軸などは残っていないものの、その位置から開業時のもので、大正初期まで使われ廃棄されたと考えられる。

遺構の内径は一二・二メートル。凝灰岩製の切石を積みあげて円形に構築してある（図36）。残存していた高さは三段で、一メートルほどであったが、記録は「四尺」（一・二メートル）とあるので、四段積みと想定される。

内側の底面には、コンクリートが厚さ一〇センチほど打たれていた。コンクリートの表面は平滑であるが、断面を見ると砂利（小礫）がたくさん混入されていた。当時、日本ではまだセメントは生産されておらず輸入品だった。

底面の中央には回転軸を設置した一辺二・五メートルほどの方形の掘りこみがあった。その外側には排水用の溝がめぐっている。排水は溝から煉瓦製の桝に集め、底面の下に鉄管と土管をつないで施設外へだしている。軸用の掘りこみの底にもコンクリートが打たれており、その中央に大ぶりの杭の頭が見えていた。

驚いたのは、このコンクリート基礎の下に長さ二メートル前後の基礎杭が一八二六本打ちこまれていたことだ（図35下）。中央の回転軸部分と外周のレールと外壁が載る重量のかかる部分に限定しているものの、重量のある蒸気機関車を回転させるために堅牢な基礎構造にしていたのである。ここにも在来工法が用いられていた。

図34 ● 機関車用転車台・機関車庫などの遺構
機関車用転車台周辺のさまざまな施設。開業時の遺構は後の構造物と重なりあいながらも、壊されないで残った部分から確認できた。

図35 ● 機関車用転車台の調査

上：確認時の転車台。上部はなくなっていたが、円形の基礎が残っていた。
下：上の写真の石積みとコンクリートを取り除いた基礎杭の姿。このような多量の基礎杭のあり方から、入念で堅固な土木工事がおこなわれたことがわかる。転車台の構築には約半年かかっている。

貨車用転車台

貨車用の転車台の基礎杭も見つかっている（図37）。「三ツ車台」ともよばれる三基一組のものだ。位置は、本線プラットホームの西側にある荷物庫にむかう支線の上（図24参照）。基礎杭のみが残っていたにすぎないので、その上部の構造は不明だが、機関車用転車台と同様に凝灰岩製の切石が使われていたと考えられる。各径五メートルほどの規模が三連で隣接している。長さ一・八メートルの基礎杭が総数四〇〇本ほど打ちこまれていた。

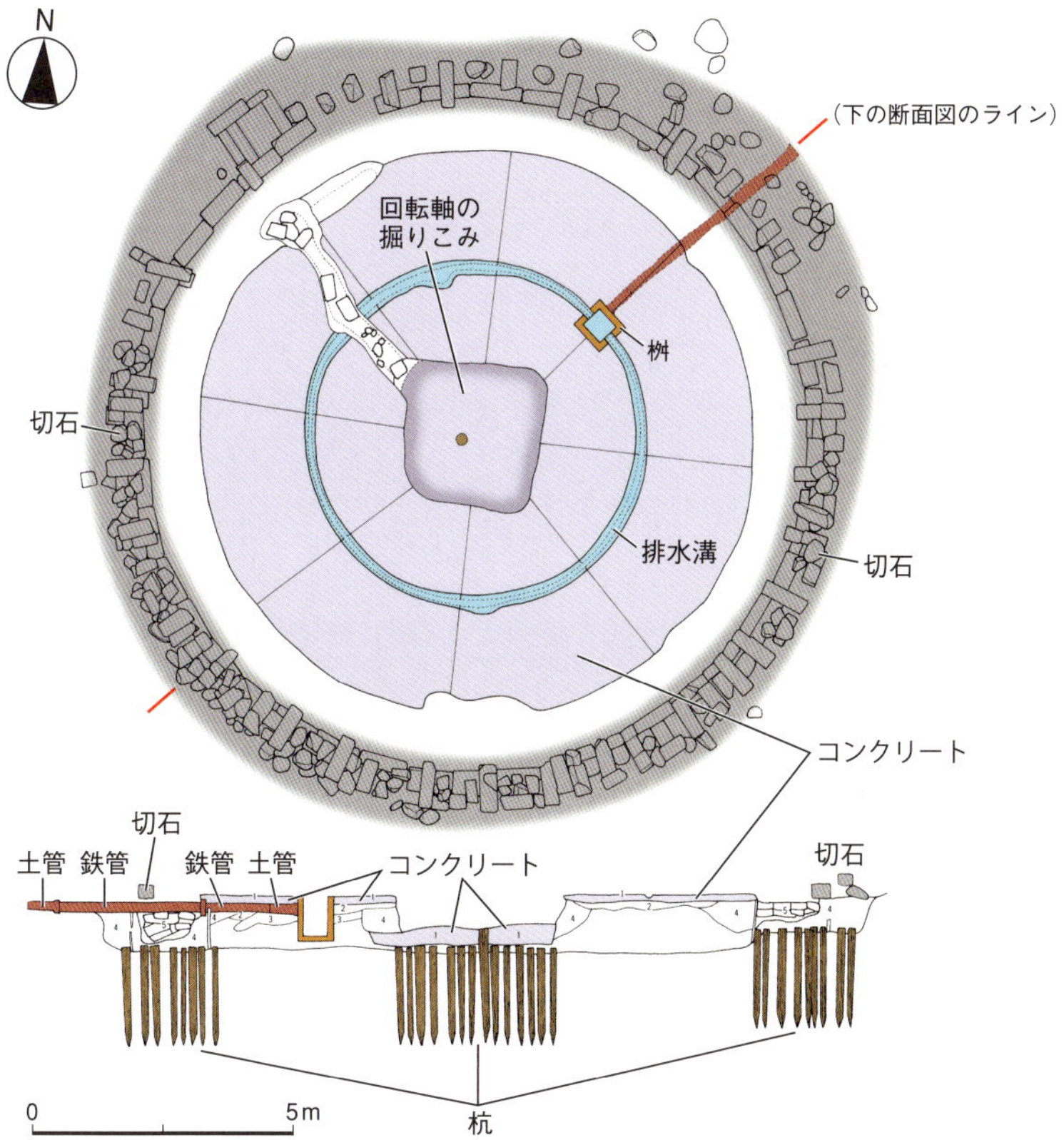

図36 ● 機関車用転車台の実測図
上：平面図。下：断面図。コンクリートの厚さは10cmほどで、砂利（小礫）がたくさん混入されていた。当時、セメントは輸入品だった。

図37 • 貨車用転車台の基礎杭
100年以上たっても腐朽せずに残っていた。

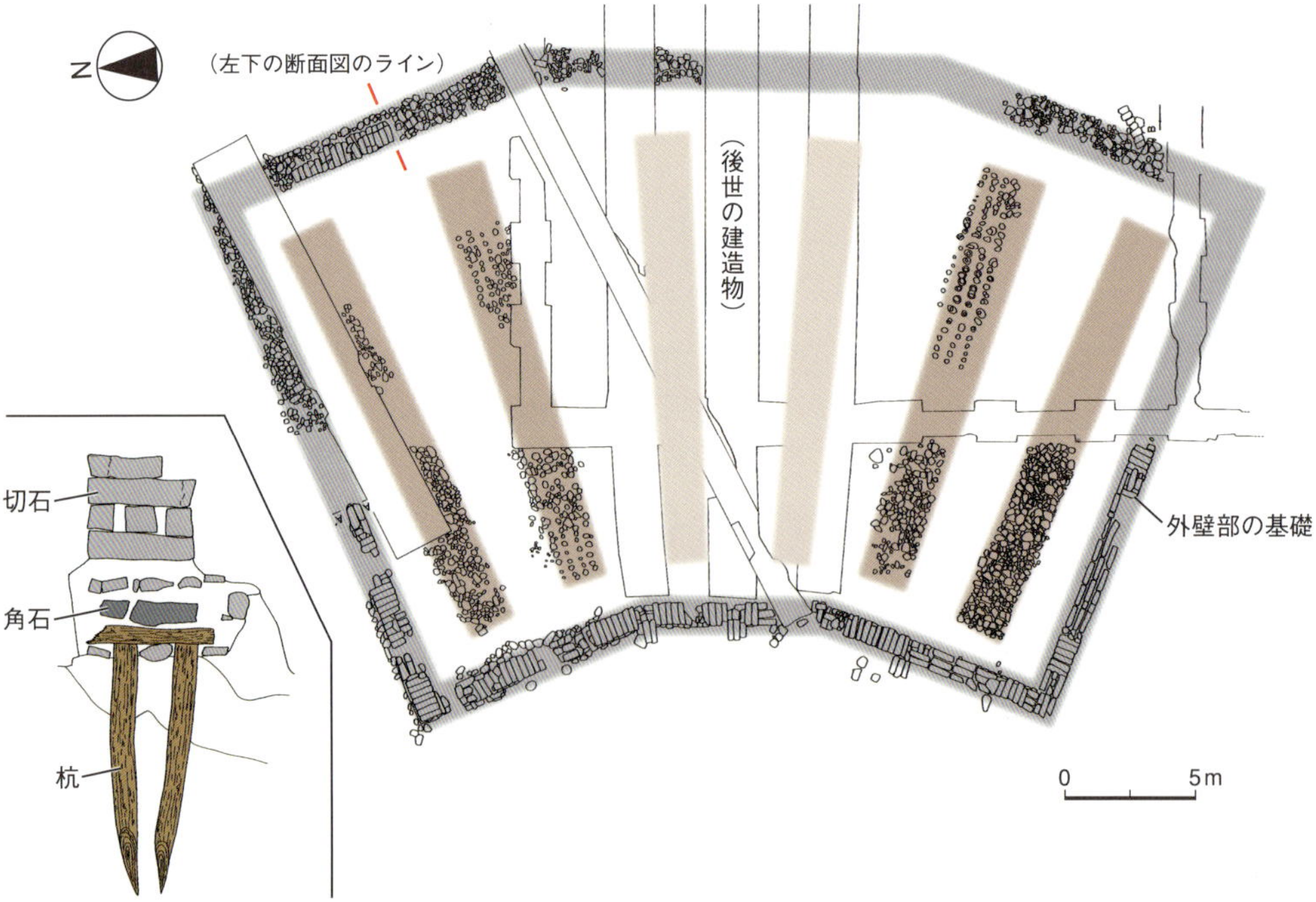

図38 • 機関車庫（扇形）**の実測図**
上：平面図。左下：断面図。駅舎の基礎と同じ構造であることがわかる。

機関車庫

機関車用転車台の背後には、開業時の機関車庫の基礎が残っていた（図38）。後世の遺構と削平によって壊されていたが、平面が扇形であることは知ることができた。扇形の長辺は約四二メートル、短辺は二四メートル、奥行きは二〇メートルであった。

外壁部の基礎には、凝灰岩製の切石積みが三、四段残っており、小口面と長手面を交互に積んである。切石の下部は幅七〇センチほどの溝に掘ってあり、もっとも下には長さ約二メートルの杭を二本単位で打ちこんである。その頭には横木をのせカスガイで固定し、その上に大きな角石が数段のっている。この基礎構造は、駅舎の基礎部分と同様である。

建物の内部には、六本の帯状の基礎があった。幅一メートルほどの基礎杭と割栗石が残っていた。その上部は不明だが、この上にレールを敷して機関車を入れていたのであろう。つまり、六台格納する車庫だ。

石炭庫

蒸気機関車は石炭を燃料にしていたので、ターミナル駅では石炭庫も重要な施設であった。

開業時の石炭庫は、「桁行八十五尺、梁間十七尺」で、「煉瓦造り」と記録に残るが、これに該当する遺構はわずかに基礎石が残るだけで、煉瓦なども確認できなかった。ここでは一八七六年（明治九）に完成した新しい石炭庫についてふれよう。

遺構は建物の礎石と、その下の木組みによる土台基礎である。礎石には、丸石や角石を半間

（〇・九メートル）間隔に整然とならべていて、これが床を支えたものと考えられる。

この礎石の下に、土台の木組みが明瞭に残っていた（図39）。横木を連ねて長辺一八メートル、短辺一四・四メートルの長方形の土台とし、この土台木の下に、交差させるように長さ約八〇センチの横木を等間隔に敷き、そのあいだに石を充塡してあった。

土台木の上面には、礎石同様に半間（〇・九メートル）間隔に規則的にほぞ穴をうがってあり、ここに柱材を差しこみ立てたのであろう。この柱は外壁板用と考えられる。建物の中央には、建物の中心を支える柱の基礎として、十字形に組んだ木組みの土台が残っていた。

4　水道と排水施設

水事情

以上、発掘調査でわかった新橋停車場の主要施設を見てきたが、ここで明治初期の建設の特徴を示しているものと

図39 ● 石炭庫
礎石を取り除き、外壁の土台木と中央の十字組の土台を確認した姿。
重複して方向の異なる石がならぶが、これは江戸時代の建物の基礎。

して、水にかかわる施設にもふれておこう。構内では飲料水のみならず、機関車修復所などの作業にとって水は必須であり、上水施設が重要である。そして、結果として排水するための下水施設も必要となる。もちろん雨水処理も考えねばならない。

上水・下水施設の多くは土中に埋設されているため、掘りだして取り除かないかぎり埋められたまま残る。実際、発掘調査で明らかになる重要な成果の一つに、この上水・下水施設の確認があげられる。通常、これらは構内図や設計図に描かれないものだからである。

上水から見てみよう。蛇口をひねれば水が出る、現在ではありふれた光景だが、それは水道管に圧力を加えて水を送る「圧力式水道」になってからである。それまでは依然として、掘り抜きの井戸や江戸時代以来の石や木の管（樋）をつないで傾斜を利用して流す「自然流下式」であった。新橋停車場構内で圧力式水道になったのは一九〇〇年（明治三三）二月であり、それ以前は、江戸時代以来の玉川上水を使っていた。

木樋と鉄管

発掘調査によって、開業期から圧力式水道に至るまでの上水管を確認した。管は木製管（木樋）と鉄管（練鉄製、鋳造製）が使われており、木製の桶や桝につながって必要な場所へと引いている。

開業期の上水樋のラインは、構内の西南側の取水口に桝を設け、ここから構内中央部の桶に直線状に引いている。この位置には、隣接して機関車庫用の「水溜」があり（図34参照）、桶からポンプでくみあげている。

この初期の上水ラインの目的は、この水溜への引水である。このラインには基本的に木樋を用いているが、その後、施設の増加にともない水が多量に必要となったため、取水口を先の木樋の北よりから引きこみ、基幹桝を設け、ここから分水するようになる（図40）。そして、新たな引水には木樋とともに鉄管を使うようになる。

わたしたちを驚かせたのは、木樋と鉄管をつなげたものを見たときである（図41）。このような接続で実際漏水しないのか不思議であったが、観察の結果、接合部は粘土で厚く被覆してあった。入念な漏水への処置に舌を巻いた。使用した鉄管は、刻印などから輸入管と考えられる。当時の日本の鋳造鉄管技術は未熟であった。

圧力式水道以前のこうした上水は、基本的に作業用に使われたと考えられる。構内周縁部で掘りぬき井戸が見つかっていて、飲料用にはこれらの井戸を

図40 ● 上水の基幹桝
枠板に船釘を打ち込んで段重ねするという、船大工の技法でつくられている。枠板にならぶ穴が船釘が打ち込まれた箇所。この桝には結果的に、総計7本（木樋3、鉄管4）の上水管がつながっていた。

使ったものと考えられる。

圧力式水道管

圧力式水道に切り替わる一八九七年（明治三〇）～一九〇〇年（明治三三）の水道管も見つかっている。長さ三メートル、内径一〇〇ミリの鋳物製で、一端はつなぐために受け口状になっており、ここに鉛を鋳流してつないでいる。この受け口部に製造番号が、管本体に東京市の徽章と製造年号、そして製造所名が鋳だされている（図42）。製造所名は「CIEGLE LIEGE」で、ベルギー「リエージ市水道鉄管会社」製造で、東京市が外国企業に発注したものであることがわかる。

排水施設

一方、排水施設はどうなっていただろうか。作業用水の排水施設や雨水処理施設は、開業時のものから逐次施設の拡充や新設にともなって設置あるいは

図41 ● 木樋と鉄管の接続
本来右下の桝につながっていた木樋を延長させるために、新たに鉄管をつないでいる。在来の伝統的な木樋に西洋輸入管がつながる様子が近代化への姿を示している。

つくりかえられ、結果として発掘調査ではおびただしい排水施設が見つかった。いずれも東側構外の汐留川へつながるようにのびていた。

調査が進むにつれて、設置時期によって素材の使われ方に変化があることがわかった。最初は、駅舎とプラットホームに使った石材と同じ切石を組んで溝と桝としたものであった（図43）。つぎに土管と煉瓦桝によるもの、そしてコンクリート管とコンクリート桝によるものになる。もちろん木組みによる溝なども確認された。

図42 ● 圧力式水道管
この鉄管の発注契約書（仕方書）には、品質上の規定が明記され、年号なども3mmの高さに鋳だすように細かく指示されている。

図43 ● 開業時の排水施設
排水溝の上は、同様の切石で蓋がされていた。手前の桝につなげて方向を変えている。

第4章　汽笛一声

1　新橋停車場の開業

鉄道開業式

一八七二年（明治五）九月一二日（新暦一〇月一四日。なお同年一二月三日より太陽暦が採用される。本書の表記もそれにならう）、午前一〇時〇〇分、一台の蒸気機関車と九車両の客車が汽笛を鳴らして新橋停車場のプラットホームを滑りだした。目的地は約二九キロ先の横浜停車場である。日比谷練兵場と品川沖の軍艦からは祝砲が轟《とどろ》いた。

この列車には、明治天皇をはじめ大隈重信や西郷隆盛などの明治政府の高官、外国公使が乗りこんだ。新橋と横浜の停車場は緑葉のアーチや万国旗が旗めき、無数の紅白の提灯で飾られた（図44・45）。日本最初の鉄道の開業式当日である。本当は九日に開業式を挙げる予定だったが、暴風雨の影響で一二日に延期されたのである（図30参照）。

列車は横浜に到着し、開業式典が挙行された。天皇の勅語につづき、各国公使や代表の祝詞の奉呈がおこなわれた。午後一時にはふたたび新橋に戻り、新橋での開業式典がおこなわれた。

式が終わると両駅ともに構内が一般に公開され、多くの人びとが駅舎や沿線に詰めかけた。この日は隣の浜離宮への立入りも許され、赤飯・煮染めの折詰が配られた。浜離宮、駅舎ともに夜になっても無数の明りが灯った。

まだ「江戸」の余韻が残る街にこつ然とあらわれた鉄道は、西洋に遅れること約半世紀、明治新政府が目指した文明開化の夢を乗せて出発した。いまから一四二年前のことであった。「鉄道の日」が一〇月一四日なのは、この鉄道開業式にちなんでいる。

事前の運行

じつはこの開業式より前に、鉄道の運行はは

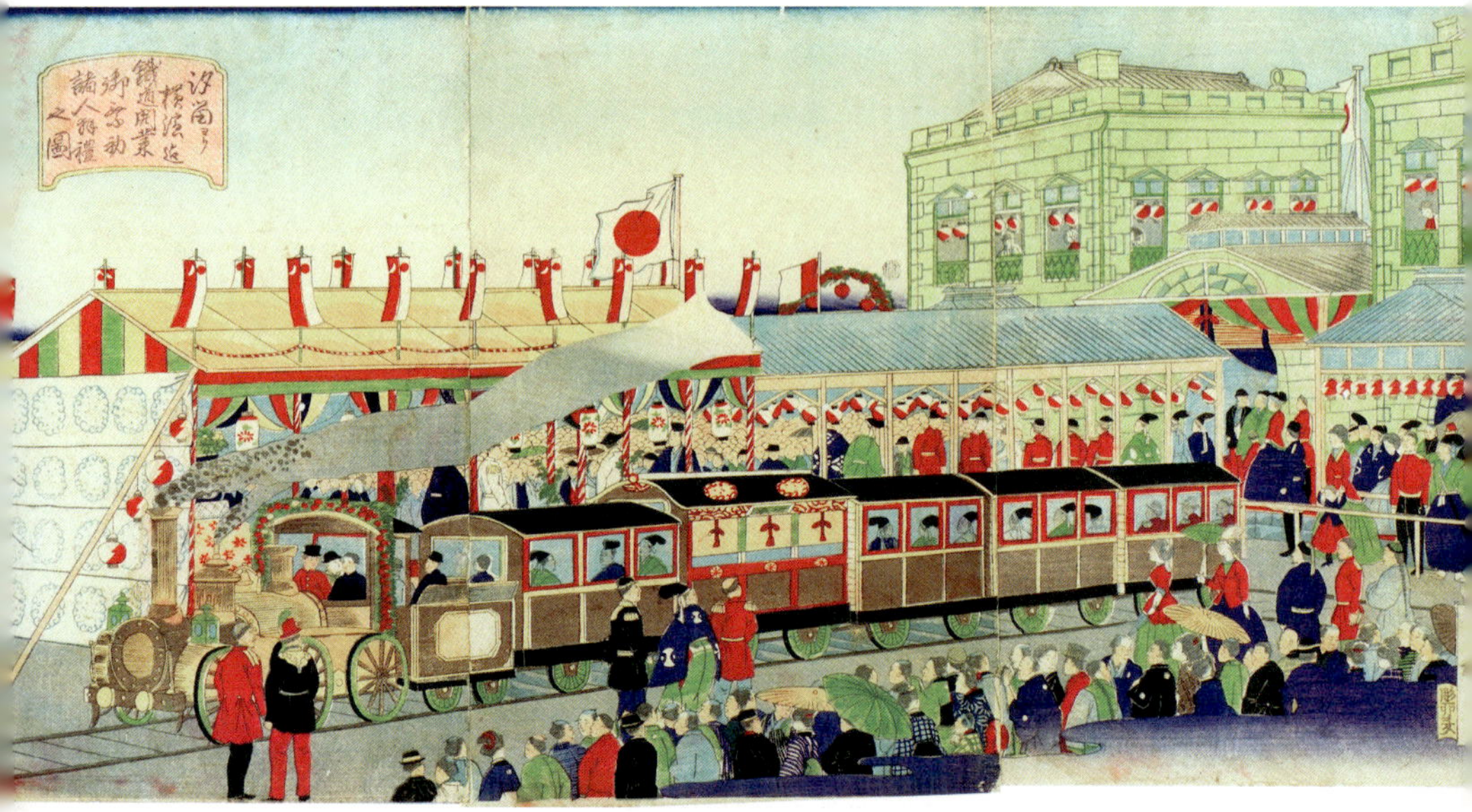

図 44 ● 汐留ヨリ横浜迄鉄道開業御乗初諸人拝礼之図（三代歌川広重）
式典のために横浜にむかう一行の様子。幔幕、紅白の幟と提灯、日章旗など余地のないほど華やかな装飾で飾りつけられている。花火が打ちあげられ、駅内では雅楽が奏でられた。車両数は省かれている。

じまっていた。

一八七一年（明治四）八月には線路敷設が一部完成し、輸入された車両の一部組み立てが終わり、試運転が開始されていた。同年一〇月には、横浜から六郷川までの一二・七キロの敷設が完了し、翌七二年（明治五）二月には品川までの敷設が終わった。新橋・品川間の敷設は七月二五日に完了する。また、同年一月には品川停車場の本屋が完成し、三月には横浜停車場のプラットホームが完成し、工事も最終段階に入っていった。工事と並行して鉄道法規である「鉄道略則」と加えて「鉄道犯罪罰例」も公布され、準備が整えられた。

機関車の運転・検査はお雇い外国人の「汽車運転方」が担当した。当初、日本人は機関士になれず、石炭をくべたりする助手の「火夫」を担当した。また車掌や駅の出札掛などは日本人が担当した。

図45 ● 汐留より蒸気車御開業祭礼之図（昇斎一景）
開業日の新橋停車場周辺の様子。駅舎の窓やプラットホーム、緑葉のアーチに紅白の提灯が飾られ、巨大な鏡餅も描かれている。一般市民も入場でき、たくさんの見物人が集まった。左下などを見ると、まだ髷を結っている人がいる。

こうして鉄道開業式に先立ち、六月一二日（旧暦五月七日）には、品川・横浜間で旅客のみの仮営業がおこなわれている。一般の人びとが当時「陸蒸気《おかじょうき》」とよばれた鉄道にはじめて乗車したのは、このときが最初といえよう。この仮営業で実際の運行状況の把握と運賃の引きさげなどがはかられ、一〇月一四日の開業式をむかえたのであった。

鉄道開業が意味するもの

開業式の翌日以降は一般の人びとが利用できるようになり、新橋～横浜間を一日九往復、中間駅は品川・川崎・鶴見・神奈川の四駅で、所要時間五三分で運行した（図46）。

当時日本ではまだ日の出と日没を基準として時刻を定める不定時法が用いられていたが、鉄道はいち早く午前・午後それぞれ一二時間に固定した定時法で運行した。このため時刻表には、旧暦の「一時《いっとき》」（約二時間）、「半時《はんとき》」（約一時間）と区別するため、「一字《じ》」「二字」と表記された。定時法・太陽暦が採用されるのは、鉄道開業からおよそ二カ月半後の旧暦一二月三日からだった。また「横浜着五十三分」といった、それまでより細かい単位の時間が人びとの生活に入ってきたのも鉄道による。なお、当初の車両編成は九両編成（機関車一、上等一、中等二、下等五）であった。

開業時の運賃は、新橋～横浜間で、上等が一円一二銭五厘、中等が七五銭、下等が三七銭五厘であった。この運賃がどの程度高いのかを判断するのはむずかしいが、当時の東京で標準価格米一〇キログラムの小売価格が三六銭だったという記録もあり、かなり高額であったことがわかる。ただし、東京～横浜間を徒歩や馬車で行った場合の時間と旅費などを考慮すると、必ずしも高いとはいえないだろう。実際、翌七三年（明治六）には一日一〇～一二往復に増便するなど、利用者は確実に増え、一年後に開業した貨物輸送も年々増加していった（図47）。

一八七八年（明治一一）に日本各地を旅行したイギリス人女性、イザベラ・バードは、『日本紀行』（Unbeaten Tracks in Japan）のなかで、この鉄道について「一等車は赤いモロッコ革を張った、クッションのきいた座席があって、豪華な造りとなっていますが、運べる乗客数はとても少なく、また二等車の高級ござを敷いた快適な座席も座っている客の数はわずかです。でも三等車は日本人乗客でいっぱいで、日本人は難なく鉄道がクルマと同じく気に入ったのです」と記している。一部上流階層の人が乗るのではなく、一般人に浸透していったことがうかがえる。

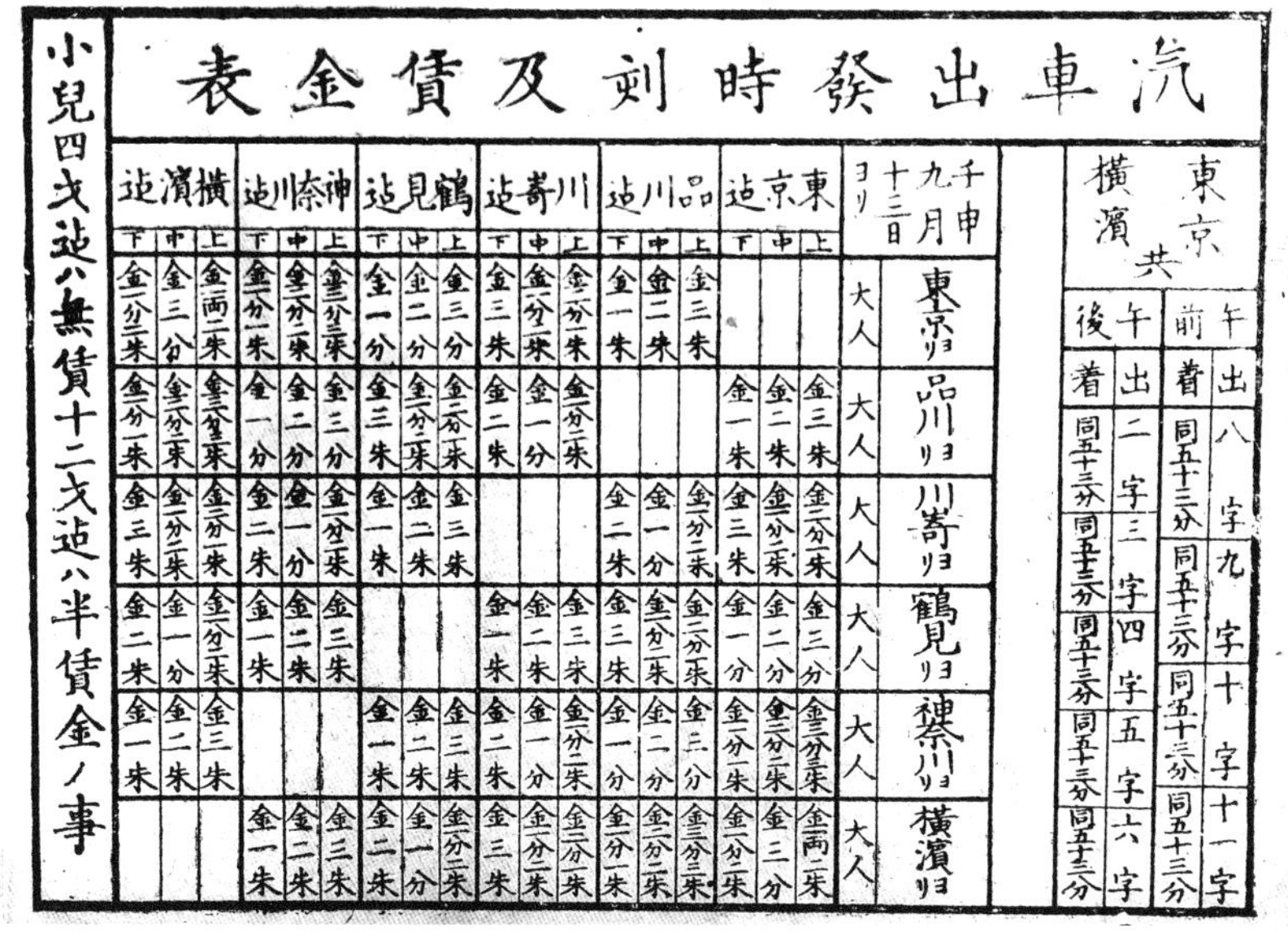

汽車出發時刻及賃金表

東京 横濱 共	出	着
午前	八字	同五十三分
	九字	同五十三分
	十字	同五十三分
	十一字	同五十三分
午後	二字	同五十三分
	三字	同五十三分
	四字	同五十三分
	五字	同五十三分
	六字	同五十三分

壬申九月十三日ヨリ

		東京迄 上	東京迄 中	東京迄 下	品川迄 上	品川迄 中	品川迄 下	川崎迄 上	川崎迄 中	川崎迄 下	鶴見迄 上	鶴見迄 中	鶴見迄 下	神奈川迄 上	神奈川迄 中	神奈川迄 下	横濱迄 上	横濱迄 中	横濱迄 下
東京ヨリ	大人				金三朱	金二朱	金一朱	金二分一朱	金一分二朱	金三朱	金三分	金二分	金一分	金三分二朱	金二分二朱	金一分一朱	金一両二朱	金三分	金一分二朱
品川ヨリ	大人	金三朱	金二朱	金一朱				金一分二朱	金一分	金二朱	金二分一朱	金一分二朱	金三朱	金三分	金二分	金一分	金三分二朱	金二分二朱	金一分一朱
川崎ヨリ	大人	金二分一朱	金一分二朱	金三朱	金一分二朱	金一分	金二朱				金三朱	金二朱	金一朱	金一分二朱	金一分	金二朱	金二分一朱	金一分二朱	金三朱
鶴見ヨリ	大人	金三分	金二分	金一分	金二分一朱	金一分二朱	金三朱	金三朱	金二朱	金一朱				金三朱	金二朱	金一朱	金一分二朱	金一分	金二朱
神奈川ヨリ	大人	金三分二朱	金二分二朱	金一分一朱	金三分	金二分	金一分	金一分二朱	金一分	金二朱	金三朱	金二朱	金一朱				金三朱	金二朱	金一朱
横濱ヨリ	大人	金一両二朱	金三分	金一分二朱	金三分二朱	金二分二朱	金一分一朱	金二分一朱	金一分二朱	金三朱	金一分二朱	金一分	金二朱	金三朱	金二朱	金一朱			

小兒四歳迄ハ無賃十二歳迄ハ半賃金ノ事

図46 ● **開業当時の時刻表・料金表**
時間の表記「字」に注目。また料金は新貨幣単位の「円銭厘」で定められたが、この表では旧貨幣単位の「両分朱」に換算して表記してある。

2 躍進する鉄道

鉄道の拡充

その後、明治一〇年代には私鉄会社の設立にともなって、日本の鉄道網は拡充していく。一八七四年（明治七）に大阪～神戸間が開業、一八八四年（明治一七）に日本鉄道の上野～高崎間が全面開通し、一八八九年（明治二二）には甲武《こうぶ》鉄道の新宿～立川間が開業し、官設では

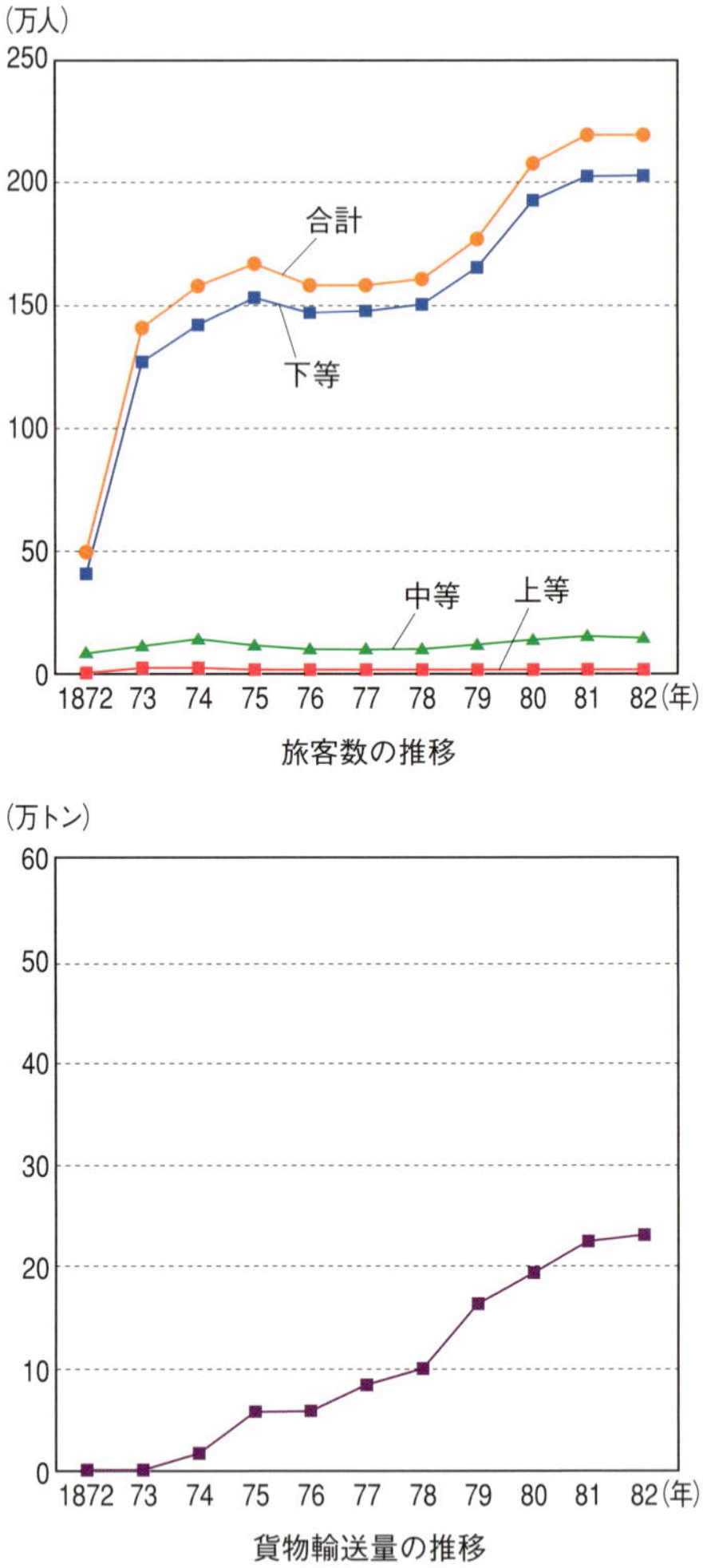

図47 ● 旅客数・貨物輸送量の増加
旅客・貨物ともに年々増加していることがわかる。また旅客は下等乗車が圧倒的に多い。1872年は5月7日～12月2日の、73～74年は1～12月の、75年以降は7月～翌年6月の数値。

東海道線新橋～神戸間が全通する。

当初、軍関係者は鉄道建設に猛反対したが、西南戦争（一八七七年〈明治一〇〉）時には京浜間と京阪神間で兵と物資輸送に使われ、鉄道が軍隊の集結や港への輸送に有効であることを認識する。その後、日清戦争（一八九四年〈明治二七〉）や日露戦争（一九〇四年〈明治三七〉）時に軍事輸送が著しく拡大したことで、軍事輸送の点でも鉄道が重要であることが明らかになり、政府は一九〇六年（明治三九）に鉄道国有法を制定し、官鉄と大手私鉄を統合した。

技術・製品の国産化へ

一方、技術・製品の国産化も進んだ。当初、お雇い外国人からすべての技術指導を仰いでいたが、明治一〇年代にはその数を徐々に減らし、明治二〇年代にはすべて日本人で施工するようになった。

また、明治一〇年代前半に建築師長をつとめたシャービントンが日本人技術者の養成に積極的であったこともあり、日本人火夫を訓練して、一八七九年（明治一二）に、はじめて日本人機関士が誕生した（図48）。また蒸気機関車は創業時以降ながくイギリス製を使用していたが、一八九三年（明治二六）に神戸工場で汽車監督リチャード・フランシス・トレシビックの指導のもとに最初の国産機関車が完成する。そして明治四〇年代以降、機関車、レールが国産に切り替わっていき自立化していく。

一大拠点へ

こうした鉄道の躍進によって、新橋停車場も充実していく。開業から九年後の一八八一年（明治一四）時の構内図（図49）を見ると、開業時の施設に加えて、建築科長と器械科長の外国人官舎などが新設される。また、客車庫、石炭庫なども増設し、工場施設として器械場《きかいば》、鍛《か》冶《じ》場《ば》、鋳物場《いものば》、塗師場《ぬしば》なども加わっている。

開業時の施設は、敷地の南北中央を流れる会仙川以北にほとんど集中していたが、この時期には、会仙川以南の東隅に三棟の役人官舎と、その北側に一八八二年（明治一五）に開業する東京馬車鉄道会社が描かれている。

東京馬車鉄道とは、道路に設置した軌道を、二頭立ての馬が客車一両を引いて輸送するもので、新橋から日本橋、上野、浅草という当時の繁華街をまわった。都心の交通手段として営業は好調であった。この馬車鉄道が後に路面電車

図48 ● 最初の日本人機関士（1879年〔明治12〕）
開業時の機関車運転は、外国人が機関方（機関士）で、日本人は火夫（機関助士）をつとめた。この年、初の日本人機関方4名が誕生する。

へと発展する。

さて、この後も構内は、新橋・神戸間の東海道線全面開通にともなって工場部の施設が拡充し、倉庫や事務所が新設されていく。図50は一九一一年（明治四四）の構内図である。立錐《りっすい》の余地もないほど施設が広がり飽和状態に近い。構内の線路数は著しく増加し、会仙川以南にも工場施設が建設され、一部の空間を除き施設が広がって総合工場に変貌している。

このように明治後半になると、構内の旅客業務部門および工場の施設は手狭になったことが一目瞭然となる。発掘で明らかになった、代表的な工場施設の充実を見ていこう。

器械場・鍛冶場・鋳物場

器械場　機関車などの修理・組立をおこなう工場で、開業時の機関車修復所のあった場所で増設をくりかえした。このため確認した遺構は

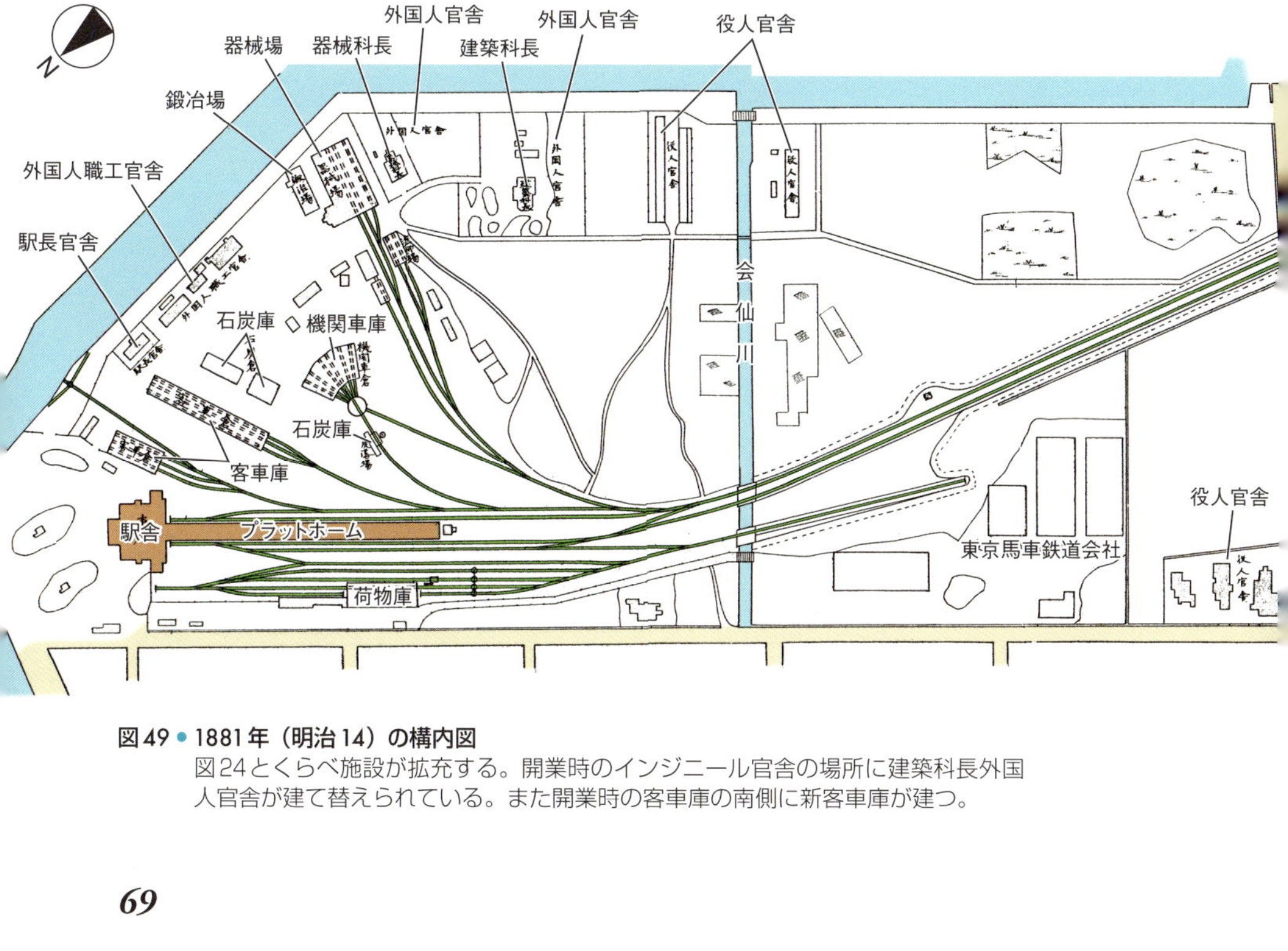

図49 ● 1881年（明治14）の構内図
図24とくらべ施設が拡充する。開業時のインジニール官舎の場所に建築科長外国人官舎が建て替えられている。また開業時の客車庫の南側に新客車庫が建つ。

切石組みをはじめ、煉瓦組み、コンクリートが複雑に切りあう構造物の重なりで、各部の機能がわからないものが多い。

鍛冶場　長方形の建物基礎が残っている。長辺約三六メートル、短辺一三・六メートルの規模である。礫敷き野積場上に、砂利混じりコンクリートを打ち、その上に切石を組んで基礎としている。

鋳物場　図50の鋳物場は一つの建築物に見えるが、中央を境に東西でつくりが異なり、西半分が先に建設され（明治一〇年代）、後に東半分が継ぎ足された。東西ともにコンクリートの上に煉瓦積みの基礎であるが、西半分はイギリス積みで、東半分はフランス積みで構築されている。北東のコーナーに溶鉱炉が設置されていた（図51）。煉瓦づくりながら炉や煙突へつながる煙道には耐火煉瓦を用いており、「SHINAGAWA」「HIRAMATSU」銘をはじめ、各種の耐火煉瓦が使われている。

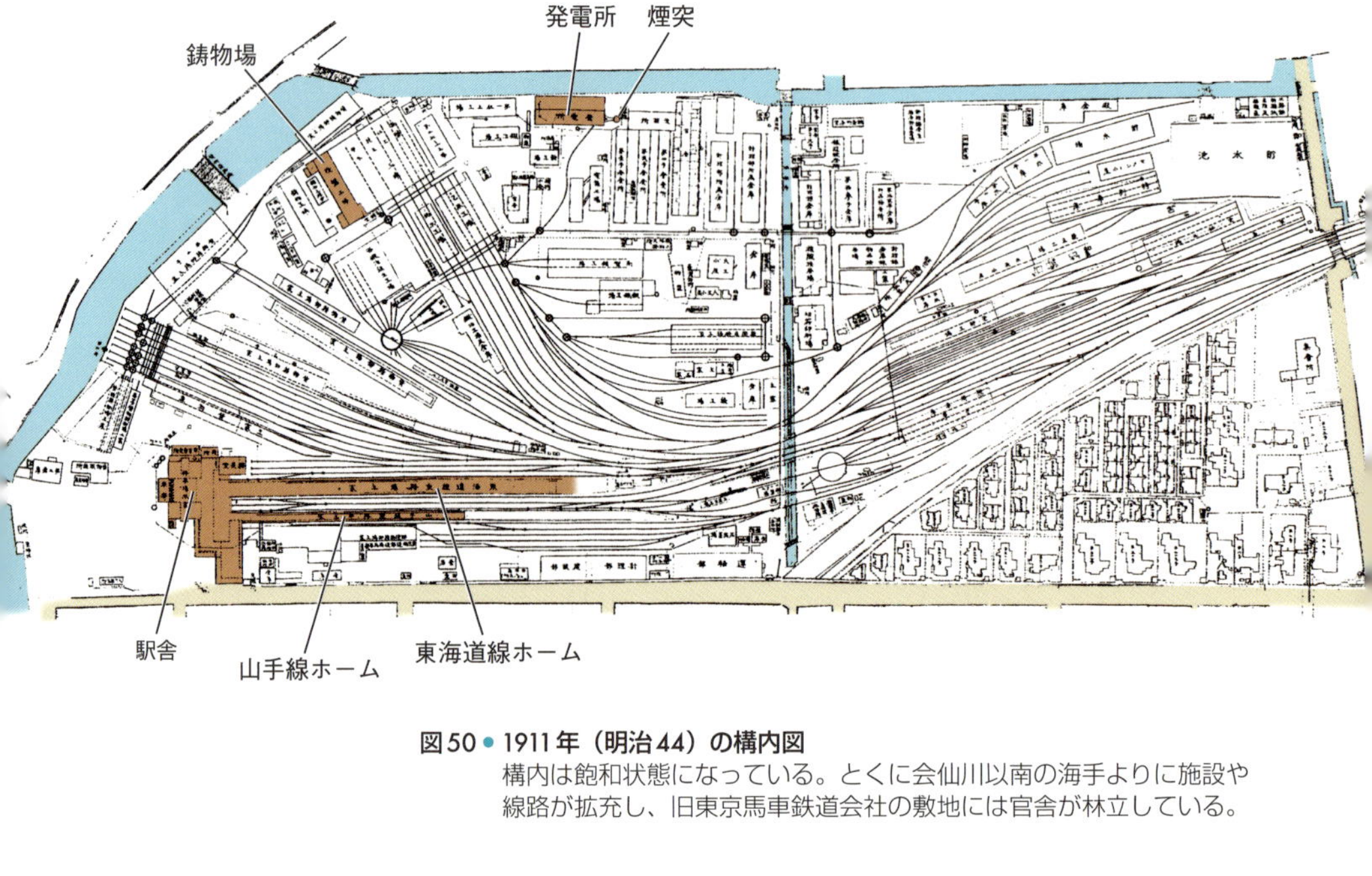

図50 ● 1911年（明治44）の構内図
構内は飽和状態になっている。とくに会仙川以南の海手よりに施設や線路が拡充し、旧東京馬車鉄道会社の敷地には官舎が林立している。

電化へ

開業当時はもちろん電気設備はないので、施設全般でランプを使っていた。発掘調査では、ランプの部品である金属製の笠や燃焼部、ガラス製のホヤなどが出土している。その後、明治二〇年代後半以降に発電機による電灯やガス灯などが使われたことが記録に残っているが、この段階では部分的な使用であった。

構内の電化は、一九〇三年（明治三六）一月に稼働した発電所の完成によって本格的にはじまる。記録に残る発電所の図面では、鉄骨煉瓦組みの平屋建てで、二棟の小屋が連なる。南端に高さ二四・七メートルの八角形の煉瓦積み煙突が描かれている。内部は汽罐《きかん》室、発電器室、試験室などに分かれており、汽罐室にボイラー、発電器室には蒸気エンジンや発電機などが設置されていた。

発掘調査で確認した発電所（図52）は、北半部はかろうじて全体の形が把握できる程度だったが、南半分は比較的良好に残っていた。ほとんどがコンクリート製の土台と基礎で、汽罐室の床と煉瓦積みの内壁の一部が残っていた。南端の煙突は、汽罐室からつながる煙道部と煙突の地下

図51 ● 鋳物場の溶鉱炉
この溶鉱炉内から坩堝、銅と鉛の地金、職工長のバッチ（図58）などが出土した。なお溶鉱炉部分は、江戸東京博物館の野外展示「汐留遺跡コーナー」に運ばれ展示されている。

部分が良好に残っていた。内側に耐火煉瓦が貼られていたが、火力にさらされて表面はボロボロになっていた。

この遺構でもっとも驚いたのは、煙突を支える堅牢な土台が見つかったことだ（図53）。煙突は、ピラミッド状に二五段の煉瓦積みの土台にのっていたのである。煉瓦の下は厚さ約一メートルもコンクリートを打ってあり、さらにその下には長さ二・五メートルほどの杭と石敷きによって基礎固めをしてあった。

図面には煙突の上部しか描かれていないので予想しなかったが、このような堅牢な基礎はほかの施設に例を見ない。軟弱な地盤と煙突を支える重量を考慮した土木事業であった。

図52 ● 発電所の遺構
奥の円形の遺構が煙突部分。その手前にならぶのが汽鑵室の床で、表面に耐火煉瓦を貼ってある。

図53 ● 煙突部分の基礎
煙突内側の耐火煉瓦は強い火力によってぼろぼろになっている。左手に見える階段から煙突基礎部分の大きさがわかる。なお、この煙突の煉瓦は「汐留シオサイト」内のイタリア公園に再利用されている。

第５章　モノが語る鉄道史

1　切符とパンチ

明治の切符が残っていた

新橋停車場跡の発掘調査では、鉄道にかかわる多彩な遺物が出土している。本章ではこれまでと視点を変えて、興味深い遺物を取り上げ、鉄道文化の断片を見ていこう。

かつて駅の改札口で厚紙の切符（乗車券）にパチンと改札鋏《かいさつきょう》（パンチ）を入れてもらったことや、改札員がパンチをリズミカルに鳴らす「音」を覚えている方も多いと思う。調査では二つの土坑からこの厚紙の乗車券が出土した（図54）。「紙」が腐らずに出土するのは、埋まっていた場所の条件がよほど良い場合にかぎられるので、乗車券が出土したことには驚かされた。

開業時は、乗車券を「手形」「切手」などと呼称しており、のちに規定によって「乗車切手」とよぶようになる。当初はイギリス製の印刷機と厚紙を使用したといわれており、大きさは五・七×三・〇センチであった（エドモンドソン型という）。

出土した乗車券のごく一部、約三〇〇片が判読できた。種類は、片道乗車券と往復乗車券、そして臨時列車の乗車券の三種があった。片道乗車券は、表に駅名および等級を記し、裏には「鉄道規則堅可相守者也」とその英文「Issued subject to the Railway Regulations」が印刷されていた。往復乗車券には「一日限」の表記があり、臨時列車の乗車券のなかには、断片ながら「池上本門」「新橋大森」と判読できるものがあった。これは池上本門寺のお会式法要に際して発券された臨時列車の乗車券だろう。

図54 ● 出土した乗車券

上：出土した乗車券の塊。乗車券は等級別に着色されており、これは青色。下：炭化していた乗車券を赤外線カメラで撮影したもの。上が表面、下が裏面である。

これらの乗車券には、表の左右に発券番号が、また裏には日付が印字されていることから、すべて使用ずみのものである。着駅が新橋とはかぎらず、また発券番号が連続するまとまりがあることなどから、検査や確認の目的ですべての乗車券を回収し、発券番号順に保管していたものと考えられる。

片道乗車券には一等はなく、いずれも二等、三等で、九〇パーセント以上が三等であった。往復乗車券には上等、中等も含まれていた。これらの乗車券は、表記形式や臨時列車の運行年代から一八八一年（明治一四）～八八年（明治二一）に使用された切符であることがわかった。検査や確認の後に廃棄されたと考えられる。

パンチ

回収した乗車券は使用ずみのものなのですべてに入札鋏の痕があるはずだが、出土した乗車券は断片が多く、入札鋏を確認できるものはかぎられた。確認できた入札鋏痕から、形状にちがいがあることがわかった。一つは先端が剣先状になるものと、もう一つは弧状になるものの二種類である（図54下参照）。

入札駅と入札鋏が判別できる六二枚を見ると新橋は剣先状のみ、横浜と神奈川は剣先状と弧状の両者、

図55● 出土したパンチ
かみあわせが開いたまま錆びて固まっていた。どれほど多くの乗車券を入札したことだろうか。

鶴見・品川・大森は弧状のみ、川崎は不明だった。

開業時の駅舎西側にあった便所の便槽からはパンチが出土した（図55）。出土時は錆びて鋏の形状は不明だったが、錆を慎重に除去したところ、剣先状に咬みあうことが明らかとなり、乗車券にある新橋停車場入札の剣先形であることがわかった。便槽の廃棄時期は一八八七年（明治二〇）〜九一年（明治二四）ごろと考えられるので、出土したパンチはこれに近い年代に使用したものであろう。

2　さまざまな鉄道関係遺物

プレート、札やバッチ

車両のプレートなども見つかった。図56は「INPERIAL GOVERNMENT RAILWAY MAKERS TOKIO 1877」と書かれており、一八七七年（明治一〇）に国内で製造されたものであろう。「1888 M.RY.C. & W.Co. LD. SALTLEY WORKS IRJ BIRMINGHAM ENGLAND」と記銘された、一八八八年にイギリスのバーミンガムの会社製造を表示したプレートも見つかっている。また図57は、車軸の軸箱の蓋に記銘されていたもので、「鉄作新橋　明二九」と書かれている。一八九六年（明治二九）に鉄道作業局新橋工場で製造されたものであることを示す。

図56 ● プレート
国産車両のものか。（幅20×高さ11.5×厚さ1.4cm）

そのほか「職工長」と記されたバッチ（図58）や、「鋳八二」「鍛一〇二」「鑵四七」などそれぞれ鋳造工場、鍛造工場、製鑵工場を示したバッチも見つかっている。

チェッキ

旅客から手荷物を預かったときに渡すチェッキ（引換え票）も出土している。荷物につける札（大）と、手もちの照合札（小）の二種類で、いずれも金属製である（図59）。札には発着駅名と照合番号が記されている。

チェッキは当初、車内の混雑を避けるために、持ちこむ手まわり品の重量に制限を設け、その無賃の範囲内の荷物を預かる制度として、一八八七年（明治二〇）に定められた。語源は「チェック（check）」からきている。やがてチェ

図57 ● 軸箱の蓋
（幅23.4×高さ24.1×厚さ1.7cm）

図58 ● 職工長のバッチ
鋳物場の溶鉱炉から出土した。
（幅3.8×高さ4.4×厚さ0.3cm）

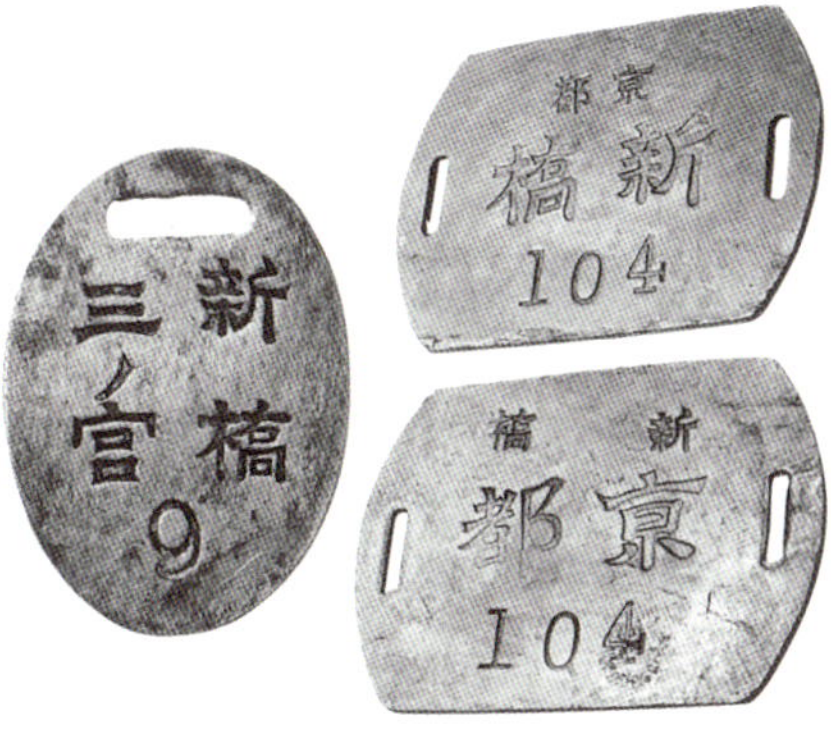

図59 ● チェッキ
右：荷物につける札。（表・裏、幅8.1cm）
左：手もちの照合札。（幅3.1cm）

ッキからチッキへ変化し、遠距離輸送の名称となる。

宅配便が普及する以前は、小荷物の遠距離輸送といえば国鉄のチッキか郵便局の郵便小包を使った。みかん箱ほどの大きさになると郵便局では扱わずチッキを使ったものである。この小荷物輸送制度は一九八六年に廃止された。

郵便錠、工具・部品、煉瓦、土管

郵便錠　郵便制度は鉄道に先立ち一八七一年（明治四）三月にはじまっている。当初の郵便運送は飛脚や馬車を使用していたが、鉄道が開業すると新しい輸送手段として利用された。図60は、郵便袋に取り付けた錠前であろう。「郵便」の銘が入る。

工具・部品　多種多彩なものが出土している。その多くは構内の工場で使われたり、つくられたものである。代表的な工具には、部品の寸法や形状を計測するゲージや定規、タガネ、ヤスリ、スパナ、ハンマー、ニッパー、ヤットコなどである。

煉瓦　煉瓦は遺物というより、遺構をかたちづくる建築資材であるが、耐火煉瓦と赤煉瓦の二種類がある。調査当初、わたしたちは近代建築技術に対する知見にとぼしく、煉瓦の製作技術のちがいや積み方の意味などわからなかった。そこで建築技術史などを参考に、観察視点を

図60 ● 郵便錠
左写真の下側に「郵便」銘が見える。（表・裏、幅4.4cm）

さぐっていった。耐火煉瓦は白煉瓦ともよばれ、高温火力を受ける各種窯炉などに用いられるもので、日本では反射炉建築のために赤煉瓦よりも先に開発された歴史がある。新橋停車場では鍛冶場や鋳物場の溶鉱炉や火力発電所などに使われている。

出土した白煉瓦の多くには銘があり、イギリス製などの輸入品と、「SHINAGAWA」などの国産品が確認できた（図61）。

もう一つの赤煉瓦は、製造方法のちがいや積み方のちがいが遺構の年代を知る手がかりとなった。製造方法は大きく分けて二つあり、手作業によってつくる「手抜き成形法」と、粘土生地を機械で押しだし、これをピアノ線によって切断し、連続的に製造する「機械抜き成形法」がある。前者は板でなでるので比較的平滑な面が観察でき、「機械抜き成形法」ではピアノ線で切断するのでカステラの切断面のような縮れ痕が残る。技法的には「手抜き成形法」が先行し、「機械抜き成形法」は一八八七年（明治二〇）から製造されたことがわかっている。

煉瓦の積み方にはフランス積み、イギリス積みなどのちがいがある。このほか煉瓦の大きさや焼成のちがい、特殊な形などから時代差などを判別できた。また、煉瓦には多種類の刻印が入っていて、製造所や製造責任者、あるいは焼成窯を知ることができる

図61 ● 耐火煉瓦
「SHINAGAWA」は品川白煉瓦株式会社の製造。ほかに「赤羽製作寮」、「HIRAMATSU」、「三石耐火煉瓦株式会社製」、「盛工舎」などがある。

が不明のものも多い。「和田」「中村」「上敷免製」などは製造所を示し、それぞれ和田製作所、中村煉瓦工場、日本煉瓦製造株式会社に該当する。記号では「桜の花弁」「光状の形」「輪違い形」などがあり、それぞれ東京小菅集治監、横浜煉瓦製造会社、金町製瓦会社をあらわしたものである。なかには「銕道」銘の煉瓦も出土している（図62）。

図62●「銕道」銘の煉瓦
「銕道」銘は少なく、使われ方が限られている。縦筋状の痕が「手抜き成形法」の調整痕である。

土管　排水用に使われた土管もたくさん出土している。いずれも愛知県の常滑《とこなめ》製である。土管も、成形法のちがいによって新旧のあることがわかった。機関車用転車台ほか開業時の排水施設に使われた土管は、小ぶりで受け口の外面が丸みを帯びたものである。焼成が弱いため赤みが強く、軟質のものが多く、表面のゆがみや凹凸も顕著である。新しくなると木型による成形にかわり、内外面が平滑で、受け口の顎が直角となる。器壁も厚くなり、やや大型の大小五種類ほどに規格化される。焼成も硬く焼き締め状態である。煉瓦同様に、受け口の上部や側面に刻印があるものが確認できる（図63）。

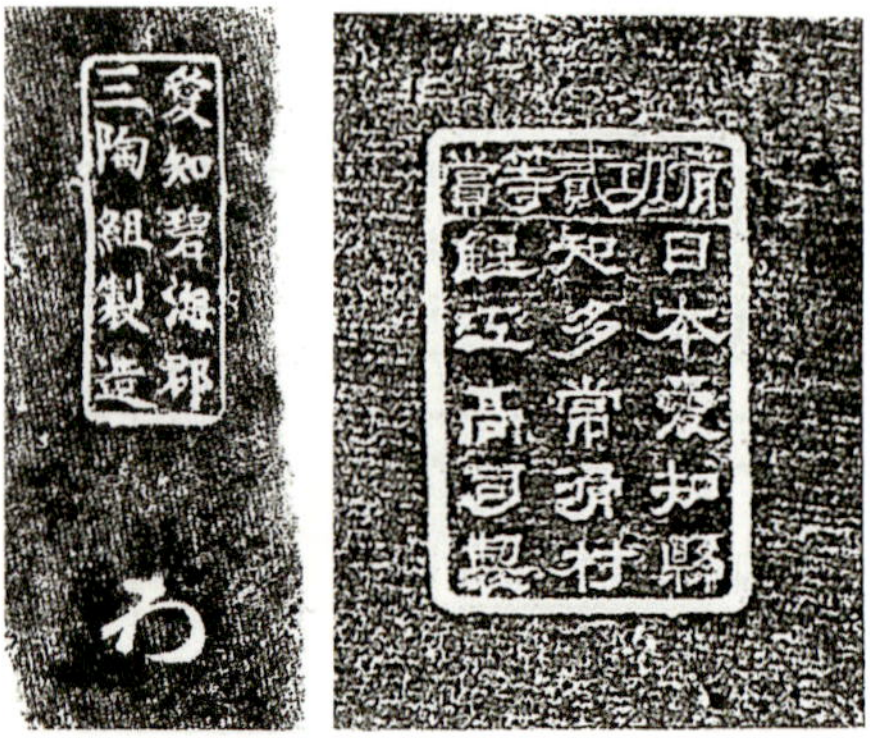

図63●土管の刻印
右：「有功弐等賞　日本愛知縣知多常滑村鯉江高司製」の銘。1890年（明治23）の第3回内国勧業博覧会での受賞。左：「愛知碧海郡三陶組製造」の銘。三陶組は三河・高浜で1887年（明治20）に創業。

3　お雇い外国人の生活

インジニール官舎

先に述べたように、鉄道建設というはじめての事業は外国の技術に頼らなければならず、イギリスを中心に多くの外国人鉄道技術者を雇った。開業時、新橋停車場構内には、彼らの住まいである「インジニール官舎」（図64）や外国人職工の官舎があった。

この官舎周辺のゴミ穴から、彼らの生活用品が出土している。ここではインジニール官舎の北側にあった大きな穴から出土した遺物を中心に、お雇い外国人の生活を見ることにしよう（図65）。

食器類、瓶・ボトル、生活用品

国産陶磁器とともに、西洋食器が数多く出土している。皿、鉢、カップ＆ソーサー、水差し、エッグスタンド、こし器などがある。一般的に西洋食器は軟質の磁器製が多く、銅版転写技法による文様と外面には刻印やマークが入る。この表記から、これらの製品がオランダ製、スコットランド製、イギリス製であることや、年号の銘記から製造年を知ることができた。

図64 ● インジニール官舎
図24にあるインジニール官舎の姿を伝える建物設計図。新橋駅で最初に建設された木造2階建ての洋館で、1880年（明治13）に焼失した。

ガラス製の瓶類も多い。バラバラに割れてかなりの量が出土している。ジン・ワイン・ウイスキーやスコッチなどの洋酒ビンで、形状もさまざま、銘や商標のあるものもある。

なかにはラムネビンも出土している。当時の輸入されたラムネビンは横長の卵形で底が尖っており、コルクの乾燥を防いで炭酸圧を抜けにくくするために寝かせておくようにできている。

陶器製のボトルは、炭酸水やインク、各種溶剤などの容器と考えられる。外面の下に刻印されるものが多く、表記からイギリス製、イングランド製、スコットランド製、ドイツ製などが確認できる。

彼らが愛用した喫煙具のクレイパイプも出土している。聞きなれない名称だが、粘土製の焼物で、火皿と煙管からなり、火皿の下に突起がついている。管の穴はきわめて小さい。ほとんどが割れており、火皿から折れた煙管部が多い。

図65 • 西洋陶磁器・瓶など
下中央がクレイパイプ、右下がカップ、エッグスタンドとミルク瓶か。
左手奥の角瓶がジンボトル、その左がワイン瓶である。

吸い口を折って使っていくといわれている。火皿には、木の葉や人面、人形などの装飾をほどこしたものもある。このほか輸入品の歯ブラシや靴も出土している。

こうした西洋の生活用品は、横浜にあった貿易商などを通じて入手していたと考えられ、鉄道建設にお雇い外国人が深くかかわったことを物語る遺物といえよう。

4　鉄道旅行の友「汽車土瓶」

「汽車土瓶《どびん》」をご存じだろうか？　いまはポリエチレン製茶瓶がわずかに命脈を保っているが、ペットボトルに淘汰されてしまい、年輩の方でないとわからないかもしれない。

発掘調査では、膨大な数の汽車土瓶と猪口《ちょく》（湯呑み）が見つかった。大量に廃棄されたものである（図66）。出土した土瓶と猪口は益子《ましこ》製の梅絵や窓絵のもの、信楽《しがらき》製の山水・白掛け呉須絵《ごすえ》のもの、常滑製の朱泥《しゅでい》・焼締《やきしめ》土瓶、そして瀬戸・美濃製のものがある。一九一四年（大正三）に貨物駅となって以降のものは出土していない。駅・店名を入れたものは少ないが、「ひろしま」「沼津　停車場」「静岡」「大船軒」「高崎　矢島」などと書かれたものや、汽車の絵や「帝国」と旭

図66●汽車土瓶で埋まった穴
膨大な量がいくつかのゴミ穴に集中して廃棄されていた。
まだ使うことのできる完全なものが多量に含まれている。

日旗を描いたものもある（図67）。

明治一〇年代に駅弁の販売がはじまり、この駅弁に欠かせないものとして、東京〜神戸間の東海道線が全面開通した明治二〇年代はじめに、静岡駅や大津駅で販売がはじまったと伝えられている。

明治二〇年代の汽車土瓶は、二〜三合入りの普通の小型土瓶で、湯飲みも既存のものを用いていた。明治三〇年以降になると、二合ぐらいに小型化し、セットで湯呑みをつけるなど専用容器として規格化され、駅名や販売店の屋号もつけるようになる。一九二二年（大正一一）から昭和のはじめにかけて、衛生上の理由から陶器製土瓶が禁止されてガラス製になるが、お茶を飲む気分がでないことや割れたガラスで怪我をするなど不評で、陶器製が復活する。

昭和のはじめには、石膏型による鋳込み成形瓶が開発されて、「角型」や「丸形」などに定形化する。昭和二〇〜三〇年代まで両者が共存して用いられる。昭和三〇年代前半には各地の名勝・特産品の特徴をあらわした茶瓶も登場する。そして、一九五七年ごろにポリ容器の茶瓶が開発さ

図67 ● 絵柄や文字のある汽車土瓶
奥左より「沼津 停車場」（裏「桃中軒」）、「ひろしま」、「ばんば 大ツ 停車場」（裏「はぎのや」、「ばんば」は現在の滋賀県膳所駅にあたる）。手前左より、汽車の絵（裏は丸かこみ内に「福」）、「帝国」と旭日旗の絵（裏「大勝利」）と記されている。

れ、しだいに姿を消すことになる。

汽車土瓶は、明治時代中期に鉄道旅行の友として生まれ、専用器として変遷していった。日本の鉄道文化の一断面をいまに伝えている。

5　関東大震災の落とし物

トイレから出土した電報用紙

一九二三年（大正一二）九月一日の関東大震災で新橋停車場は被災する。駅舎の東側にあった便所もこのとき放棄されたが、その便槽にさまざまなものが捨てられていた。このゴミのなかには新橋停車場の歴史を物語る貴重な発見もあった。

電信用紙が束になって廃棄されていた。小片になって散乱していたので極力回収し接合した。完全に復原できたものはないが、「鉄道作業局電報用紙」（図68）と「帝国鉄道庁電報用紙」の二種あることがわかった。一般公衆用電信用紙ではなく鉄道用電信用紙である。年代は記載されていないが、鉄道作業局、帝国鉄道庁という名称から一九〇七年（明治三〇）前後の電信用紙の綴りと考えられる。

電文内容は鉄道業務にかかわるもので、新橋駅より松本、

図68 ● 鉄道作業局電報用紙
（幅15.1×高さ21cm）

神奈川、神戸、横浜などさまざまな駅へ発信している。駅同士の業務連絡に電報を使用していたのである。

電信用電池容器

膨大な出土品のなかには見たこともなく、用途不明のものもあった。その一つに電信用電池容器がある。

この電池容器は外瓶と内瓶の二種にわかれる（図69）。外瓶は、幅一二×高さ一三×厚さ七センチほどで、内面底部に細長い仕切りがついている。化学製品（セルロイド製か？）と磁器製の二種類があり、化学製品には「WARDEN MUIRHEHED & CLARKE」銘があるので輸入品と考えられる。磁器製は底面に「〈杢」「ア」などの刻印があり、これが愛知県瀬戸の陶工、加藤杢左衛門の屋号であることから、瀬戸製とわかった。

内瓶は素焼き製で、幅一〇×高さ一〇×厚さ三・五センチほどの扁平な楕円形をしている。なかに銅板が入り、外側に亜鉛板が付着し、銅板と亜鉛板が銅製の帯でつながっているものがあった。内瓶の銅板は錆びて下端部には豆粒大の緑青が付着していた。こうした点からなんらかの電極であることは推測できたが、これが

図69 ● ダニエル電池容器
右と中央：出土した電池内瓶（常滑製）。右のものには内側に銅板が付着している。
左：郵政博物館所蔵の内外瓶と電極を組み立てたもの。

どのような用途なのかはすぐには判別できなかった。

それが、同様のものを逓信総合博物館（現、郵政博物館）に保管されているのを見たとき、目から鱗が落ちるほどに驚いた。それは長さ八〇センチほどの木箱に、磁器製外瓶を一〇個ならべて収納したものである（図70）。「ダニエル電池」とよばれるもので、イギリスのシーメンスブラザー社製で、明治初期につくられたものである。電信用としては明治三〇年ごろまで使用されたという。

日本で最初の公衆電信電報は、鉄道開業に先立つ一八六九年（明治二）一二月に横浜～東京間で開始された。鉄道建設と並行して鉄道用電信工事も電信寮によって架設され、開業当初より鉄道業務の連絡は電信によっておこなわれた。

これらの遺物が便所から出土したのは、つぎのような経緯による。新橋停車場の駅舎は一八九一年（明治二四）以降に模様替えし、東側に旅客便所が新設され、その南西側に電信掛室や駅長室が設置される。そして関東大震災によって駅舎は延焼し、倒壊する。この被災後の後始末で、東側旅客便所の近くにあった電信掛室関係のものを、この便槽に廃棄したと考えられる。開業から五〇年後の駅舎終焉の様子を伝えているのである。

図70 ● 郵政博物館所蔵のダニエル電池容器
陰極に亜鉛板と希硫酸、陽極に銅板と硫酸銅溶液を入れ、
１個で1V強の電圧が得られるようである。

第6章　よみがえる新橋停車場

新橋停車場の終焉と史跡「旧新橋停車場跡」

新橋停車場は、図50で見たように、明治末期には拡大する運輸量に対応できなくなるほど手狭になり、一九一四年（大正三）の東京駅開業をもって旅客業務を明けわたし、汐留駅と改称して貨物専用駅となる。また工場部門は大井工場へ移転した。そして先にふれたように、明治初期の代表的な洋風建築として多くの人に親しまれた駅舎本屋は、一九二三年（大正一二）九月一日、関東大震災によって被災し焼失した。開業からおよそ半世紀後のことだった。一方、プラットホームはその後も貨物の積み降ろしのホームとして使われた。

新橋停車場跡を記念しようという動きは戦前にもあった。一九三六年（昭和一一）、鉄道省は史跡「新橋横浜間鉄道創設起点跡」として、鉄道工事着工に際し、測量ではじめて杭が打たれた鉄道の原標〇哩地点に記念碑を建て、開業当時の双頭レールを保存した。

この記念碑と双頭レールは、戦後の一九五八年に、日本国有鉄道が鉄道記念物「〇哩標識」

（図71）に指定し、その後「旧新橋横浜間鉄道創設起点跡」として国の史跡に指定された。

そして、今回の調査によって駅舎やホームの位置がわかったため、発掘した駅舎全体とホームの三五メートルを含めた面積一八二四平方メートルを「旧新橋停車場跡」として保存することになったのである。

保存が実現したのには、汐留地区再開発についての市民からの要望にはじまり、港区議会や文化人・学者、日本考古学協会などが保存を求め、調査成果をともに具体化していった結果である。二〇〇三年には、財団法人東日本鉄道文化財団が、新橋停車場の駅舎を当時と同じ場所に、開業当時の外観で復元した。

こうして日本の鉄道発祥の地としての記憶をいまにとどめ、後世につなぐこととなったのは本当に喜ばしいことである。

いま、復元された駅舎の正面脇には、駅に入る一段目のステップ（原物）をガラスごしに見ることができる。このステップは唯一駅舎の上屋部分を伝えるもので、奇跡的に残ったといっても過言ではない（図29参照）。どれほど多くの人がこの階段を上がっていったことであろうか。西洋に追いつかんと近代化を目指した大久保利通や伊藤博文、大隈重信が通り、大森貝塚を調査したモースが通った。森鷗外や夏目漱石ら文豪たちもここ

図71 ● 史跡「旧新橋停車場跡」０哩標識
元の位置に復元された新橋停車場は高層ビルにかこまれてその姿を残している（p.93参照）。

から旅立っていった。西南戦争や日清戦争の兵士が見送られた。車内で小便をして罰金を科せられた人もいた。待合所の椅子に腰掛けて物想う荷風がいた（図73参照）。ここはまさに近代日本の玄関口であり、日本の近代を見つめなおす記念碑である。

あとがき

調査が終了してはや一三年がたった。現在、汐留シオサイトとして高層ビルが立ちならぶ姿を見るとき、この土地の歴史の劇的な変化にあらためて驚かされる。

江戸時代に海辺が埋め立てられて大名屋敷となり、明治になると最初の鉄道駅へと劇的に変貌する。その後、鉄道の基幹駅として拡大するが、その主役を東京駅に譲りわたした後も、貨物駅の拠点としてながく東京の物資を支える。そして一九八六年に長い歴史に幕を閉じた後、現在は湾岸再開発の先駆けとして生まれ変わった。つねに江戸・東京の都市整備の重要な位置を占めてきたのである。

新橋停車場の発掘は、考古学として扱うことの少ない近現代史を対象とする調査であった。基本的知識もとぼしいなかで暗中模索の調査といってよく、その反省点や今後への課題も多い。

図72 ● 現地説明会
1992年に東京都教育委員会がおこなった現地説明会で旧新橋停車場とプラットホームの基礎が公開され、報道で大きく取り上げられた。これを契機に汐留遺跡の調査は注目されることとなり、この後の現地説明会では参加者が1000名を超えた。

今回の調査で学んだことの一つは、考古学は文献資料のない古い時代を扱うだけでなく、どの時代でもわたしたちの足元を見つめる学問であるということだ。これまで考古学の多くが研究対象としてきた人類の古い歴史からすれば、百数十年前の歴史はきわめて新しい事象といえる。しかし、技術の進歩や〝モノ〟の変化のスピードは、この百数十年間のほうが激しいといえるだろう。調査で出土した汽車土瓶や電信遺物などのすでになくなってしまったものは、そのことを十分に教えている。現代を問うために歴史を学ぶ、この歴史学の基本は考古学にもいえることであり、近現代の考古学は十分にその役割をもっている。

調査は終了したが、調査成果の分析と検証は今後もつづく。また、出土遺物などは東京の文化財として活用されていくのであ

図73 ● 新橋停車場之図（『風俗画報』241号、1901年〔明治34〕）
明治30年代の駅舎内部を描いている。当時の新橋停車場の様子、乗客の風俗などがよくわかる。自働電話の表示がある。

る。本書が、一人でも多くの方が考古学と歴史に興味をもってくださるきっかけになるならば、望外の幸せである。

参考文献

E・S・モース著、石川欣一訳　一九七〇『日本その日その日』東洋文庫一七一・一七二・一七九、平凡社
E・S・モース著、近藤義郎・佐原眞訳　一九八三『大森貝塚　付・関連資料』岩波文庫
イザベラ・バード著、時岡敬子訳　二〇〇八『イザベラ・バードの日本紀行』上、講談社学術文庫
老川慶喜　二〇一四『日本鉄道史　幕末・明治篇』中公新書
大田区立郷土博物館　一九九〇『私たちのモース　日本を愛した大森貝塚の父』
加藤　緑　二〇〇六『日本考古学の原点・大森貝塚』シリーズ「遺跡を学ぶ」〇三一、新泉社
財団法人東日本鉄道文化財団　二〇〇六『日本の鉄道開業』
沢　和哉編著　一九八一「新橋停車場の昔噺—大島盈株氏談—」『鉄道—明治創業回顧談』築地書館
品川区立品川歴史館　二〇一二『品川鉄道事始—陸蒸気が品川を走る—』平成二四年度特別展
田中時彦　一九六三『明治維新の政局と鉄道建設』吉川弘文館
帝國鉄道協会　一八九九「従東京新橋至横浜野毛浦鉄道建築費綱目」『帝國鉄道協会会報』第一巻第四号
東京南鉄道管理局ほか　一九七三『汐留・品川・桜木町駅百年史—鉄道百年記念出版—』
日本国有鉄道　一九六九『日本国有鉄道百年史』第一巻
日本国有鉄道　一九七〇『日本国有鉄道百年史』第二巻
野田正穂・原田勝正・青木栄一・老川慶喜　一九八六『日本の鉄道—成立と展開—』鉄道史叢書二、日本経済評論社
原田勝正　一九九八『鉄道と近代化』歴史文化ライブラリー三八、吉川弘文館
原田勝正　二〇一〇『明治鉄道物語』講談社学術文庫
福田敏一　一九九八「記録に残された新橋停車場の建設」『龍野藩江戸屋敷の生活』龍野市歴史文化資料館
福田敏一　二〇〇四『新橋駅発掘—考古学からみた近代—』雄山閣
福田敏一　二〇〇四『新橋駅の考古学』雄山閣
山田直匡　一九六八『お雇い外国人40　交通』鹿島研究所出版会
窯業史博物館　一九九五『変わりゆく旅の器たち　汽車土瓶』

その他、汐留地区遺跡調査会、東京都埋蔵文化財センターより汐留遺跡の発掘調査報告書が公刊されている。

旧新橋停車場　鉄道歴史展示室

・東京都港区東新橋１—５—３
・電話　０３（３５７２）１８７２
・開館時間　10：00～17：00（入館は閉館の15分前まで）
・入館料　無料
・休館日　月曜日（祝日の場合は翌日）、年末年始、展示替え期間中
・交通　ＪＲ新橋駅「銀座口」より徒歩５分

旧新橋停車場の駅舎を、当時と同じ場所に、発掘された基礎石から正確に寸法を計測するなどして開業当時の外観で復元している。屋内には鉄道と汐留の歴史を紹介する「鉄道歴史展示室」を設け、切符、汽車土瓶などの遺物を展示するとともに、鉄道にかかわる企画展も随時開催している。

また、駅舎基礎石積み、正面出入り口ステップ部分の原物を見学窓から見ることができ、駅舎に続くプラットホームの石積みも25メートルの範囲で再現し、一部当時のレールを使用して軌道を復元している。

旧新橋停車場　鉄道歴史展示室

鉄道歴史展示室内部

鉄道博物館

・埼玉県さいたま市大宮区大成町３—47
・電話　０４８（６５１）００８８
・開館時間　10：00～18：00（入館は閉館の30分前まで）
・入館料　一般１０００円、小中高生５００円
・休館日　火曜日、年末年始（12月29日～１月１日）
・交通　ＪＲ大宮駅より埼玉新都心交通ニューシャトルにて「鉄道博物館」下車。

日本の鉄道に関する総合博物館。鉄道開業時の１号蒸気機関車（国重要文化財）を展示している。また主要蒸気機関車や特急車両、新幹線など計36両の実物車両を展示し、写真・資料で鉄道の歴史を解説している。

そのほか運転シミュレータ、模型鉄道ジオラマ、鉄道の仕組みを体験できるゾーン、鉄道に関する図書・雑誌・時刻表などを閲覧できるライブラリーもあり、鉄道全般にわたり学習できる。

刊行にあたって

「遺跡には感動がある」。これが本企画のキーワードです。

あらためていうまでもなく、専門の研究者にとっては遺跡の発掘こそ考古学の基礎をなす基本的な手段です。また、はじめて考古学を学ぶ若い学生や一般の人びとにとって「遺跡は教室」です。

日本考古学では、もうかなり長期間にわたって、発掘・発見ブームが続いています。そして、毎年厖大な数の発掘調査報告書が、主として開発のための事前発掘を担当する埋蔵文化財行政機関や地方自治体などによって刊行されています。そこには専門研究者でさえ完全には把握できないほどの情報や記録が満ちあふれています。しかし、その遺跡の発掘によってどんな学問的成果が得られたのか、その遺跡やそこから出た文化財が古い時代の歴史を知るためにいかなる意義をもつのかなどといった点を、莫大な記述・記録の中から読みとることははなはだ困難です。ましてや、考古学に関心をもつ一般の社会人にとっては、刊行部数が少なく、数があっても高価なその報告書を手にすることすら、ほとんど困難といってよい状況です。

いま日本考古学は過多ともいえる資料と情報量の中で、考古学とはどんな学問か、また遺跡の発掘から何を求め、何を明らかにすべきかといった「哲学」と「指針」が必要な時期にいたっていると認識します。

本企画は「遺跡には感動がある」をキーワードとして、発掘の原点から考古学の本質を問い続ける試みとして、日本考古学が存続する限り、永く継続すべき企画と決意しています。いまや、考古学にすべての人びとの感動を引きつけることが、日本考古学の存立基盤を固めるために、欠かせない努力目標の一つです。必ずや研究者のみならず、多くの市民の共感をいただけるものと信じて疑いません。

監　修　戸沢　充則

編集委員　勅使河原彰　小野　昭　小野　正敏　石川日出志　小澤　毅　佐々木憲一

著者紹介

斉藤　進（さいとう・すすむ）

1957年、東京都台東区生まれ。

立命館大学文学部史学科卒業。

公益財団法人東京都スポーツ文化事業団東京都埋蔵文化財センター職員。

主要著作　「歯磨き考古学事情—楊枝から歯ブラシへ—」『喜谷美宣先生古希記念論集』、「市谷本村町遺跡の煉瓦遺構」小川望・小林克・両角まり編『ものが語る歴史14　考古学が語る日本の近現代』同成社、「近現代」鈴木直人・谷口榮・深澤靖幸編集『遺跡が語る東京の歴史』東京堂出版、「江戸遺跡における上水道の構造と目的について」江戸遺跡研究会編『江戸の上水道と下水道』吉川弘文館、「東京の地下式坑」東国中世考古学研究会編『中世の地下室』高志書院ほか。

写真所蔵（提供）
横浜開港資料館：図2, 14, 16, 17, 25／東京都教育委員会：図3, 5, 8, 19, 20, 26, 27, 28, 29, 31, 33, 34, 35, 37, 39, 40, 41, 42, 43, 51, 52, 53, 54, 55, 56, 57, 58, 59, 60, 61, 62, 63, 65, 66, 67, 68, 69, 70, 72／鉄道博物館：図9, 11, 21, 22, 23, 46, 48／公益財団法人鍋島報效会：図10／国立公文書館：図13／立正大学情報メディアセンター田中啓爾文庫：図15／川崎市市民ミュージアム：図18／港区立港郷土資料館：図30, 45／品川区立品川歴史館：図44／旧新橋停車場鉄道歴史展示室：図71, 博物館紹介写真／公益財団法人日本近代文学館：図73

図版出典（一部改変）
図4：国土地理院20万分の1地勢図「東京」／図7：国土地理院「東京都区部」2万5000分の1デジタル標高地形図／図24：福田敏一『新橋駅の考古学』／図32：東京都埋蔵文化財センター『汐留遺跡Ⅱ』／図36, 38：東京都埋蔵文化財センター『汐留遺跡Ⅰ』／図47：老川慶喜『日本鉄道史』（『日本国有鉄道百年史』第1巻）／図49：鉄道博物館

上記以外は著者

シリーズ「遺跡を学ぶ」096

鉄道考古学事始《ことはじめ》・新橋停車場《しんばしていしゃじょう》

2014年10月14日　第1版第1刷発行

著　者＝斉藤　進
発行者＝株式会社　新 泉 社
東京都文京区本郷2－5－12
TEL 03（3815）1662／FAX 03（3815）1422
印刷／三秀舎　製本／榎本製本

ISBN978-4-7877-1336-0　C1021

シリーズ「遺跡を学ぶ」

A5判／96頁／定価各1500円＋税

●第Ⅰ期（全31冊完結・セット函入 46500円＋税）

01 北辺の海の民・モヨロ貝塚　米村　衛
02 天下布武の城・安土城　木戸雅寿
03 古墳時代の地域社会復元・三ツ寺Ⅰ遺跡　若狭　徹
04 原始集落を掘る・尖石遺跡　勅使河原彰
05 世界をリードした磁器窯・肥前窯　大橋康二
06 五千年におよぶムラ・平出遺跡　小林康男
07 豊饒の海の縄文文化・曽畑貝塚　木﨑康弘
08 未盗掘石室の発見・雪野山古墳　佐々木憲一
09 氷河期を生き抜いた狩人・矢出川遺跡　堤　隆
10 描かれた黄泉の世界・王塚古墳　柳沢一男
11 江戸のミクロコスモス・加賀藩江戸屋敷　追川吉生
12 北の黒曜石の道・白滝遺跡群　木村英明
13 古代祭祀とシルクロードの終着地・沖ノ島　弓場紀知
14 黒潮を渡った黒曜石・見高段間遺跡　池谷信之
15 縄文のイエとムラの風景・御所野遺跡　高田和徳
16 鉄剣銘一一五文字の謎に迫る・埼玉古墳群　高橋一夫
17 石にこめた縄文人の祈り・大湯環状列石　秋元信夫
18 土器製塩の島・喜兵衛島製塩遺跡と古墳　近藤義郎
19 縄文の社会構造をのぞく・姥山貝塚　堀越正行
20 大仏造立の都・紫香楽宮　小笠原好彦
21 律令国家の対蝦夷政策・相馬の製鉄遺跡群　飯村　均
22 筑紫政権からヤマト政権へ・豊前石塚山古墳　長嶺正秀
23 弥生実年代と都市論のゆくえ・池上曽根遺跡　秋山浩三
24 最古の王墓・吉武高木遺跡　常松幹雄
25 石槍革命・八風山遺跡群　須藤隆司
26 大和葛城の大古墳群・馬見古墳群　河上邦彦
27 南九州に栄えた縄文文化・上野原遺跡　新東晃一
28 泉北丘陵に広がる須恵器窯・陶邑遺跡群　中村　浩
29 東北古墳研究の原点・会津大塚山古墳　辻　秀人
30 赤城山麓の三万年前のムラ・下触牛伏遺跡　小菅将夫
別01 黒耀石の原産地を探る・鷹山遺跡群　黒耀石体験ミュージアム

●第Ⅱ期（全20冊完結・セット函入 30000円＋税）

31 日本考古学の原点・大森貝塚　加藤　緑
32 斑鳩に眠る二人の貴公子・藤ノ木古墳　前園実知雄
33 聖なる水の祀りと古代王権・天白磐座遺跡　辰巳和弘
34 吉備の弥生大首長墓・楯築弥生墳丘墓　福本　明
35 最初の巨大古墳・箸墓古墳　清水眞一
36 中国山地の縄文文化・帝釈峡遺跡群　河瀬正利
37 縄文文化の起源をさぐる・小瀬ヶ沢・室谷洞窟　小熊博史
38 世界航路へ誘う港市・長崎・平戸　川口洋平
39 武田軍団を支えた甲州金・湯之奥金山　谷口一夫
40 中世瀬戸内の港町・草戸千軒町遺跡　鈴木康之
41 松島湾の縄文カレンダー・里浜貝塚　会田容弘
42 地域考古学の原点・月の輪古墳　近藤義郎・中村常定
43 天下統一の城・大坂城　中村博司
44 東山道の峠の祭祀・神坂峠遺跡　市澤英利
45 霞ヶ浦の縄文景観・陸平貝塚　中村哲也
46 律令体制を支えた地方官衙・弥勒寺遺跡群　田中弘志
47 戦争遺跡の発掘・陸軍前橋飛行場　菊池　実
48 最古の農村・板付遺跡　山崎純男
49 ヤマトの王墓・桜井茶臼山古墳・メスリ山古墳　千賀　久
50 「弥生時代」の発見・弥生町遺跡　石川日出志

●第Ⅲ期（全26冊完結・セット函入 39000円＋税）

51 邪馬台国の候補地・纒向遺跡　石野博信
52 鎮護国家の大伽藍・武蔵国分寺　福田信夫
53 古代出雲の原像をさぐる・加茂岩倉遺跡　田中義昭
54 縄文人を描いた土器・和台遺跡　新井達哉
55 古墳時代のシンボル・仁徳陵古墳　一瀬和夫
56 大友宗麟の戦国都市・豊後府内　玉永光洋・坂本嘉弘
57 東京下町に眠る戦国の城・葛西城　谷口　榮
58 伊勢神宮に仕える皇女・斎宮跡　駒田利治
59 武蔵野に残る旧石器人の足跡・砂川遺跡　野口　淳
60 南国土佐から問う弥生時代像・田村遺跡　出原恵三
61 中世日本最大の貿易都市・博多遺跡群　大庭康時
62 縄文の漆の里・下宅部遺跡　千葉敏朗
63 東国大豪族の威勢・大室古墳群〔群馬〕　前原　豊
64 新しい旧石器研究の出発点・野川遺跡　小田静夫
65 旧石器人の遊動と植民・恩原遺跡群　稲田孝司
66 古代東北統治の拠点・多賀城　進藤秋輝
67 藤原仲麻呂がつくった壮麗な国庁・近江国府　平井美典
68 列島始原の人類に迫る熊本の石器・沈目遺跡　木﨑康弘
69 奈良時代からつづく信濃の村・吉田川西遺跡　原　明芳
70 縄紋文化のはじまり・上黒岩岩陰遺跡　小林謙一
71 国宝土偶「縄文ビーナス」の誕生・棚畑遺跡　鵜飼幸雄
72 鎌倉幕府草創の地・伊豆韮山の中世遺跡群　池谷初恵
73 東日本最大級の埴輪工房・生出塚埴輪窯　高田大輔
74 北の縄文人の祭儀場・キウス周堤墓群　大谷敏三
75 浅間山大噴火の爪痕・天明三年浅間災害遺跡　関　俊明
別02 ビジュアル版旧石器時代ガイドブック　堤　隆

●第Ⅳ期　好評刊行中

76 遠の朝廷・大宰府　杉原敏之
77 よみがえる大王墓・今城塚古墳　森田克行
78 信州の縄文早期の世界・栃原岩陰遺跡　藤森英二
79 葛城の王都・南郷遺跡群　坂　靖・青柳泰介
80 房総の縄文大貝塚・西広貝塚　忍澤成視
81 前期古墳解明への道標・紫金山古墳　阪口英毅
82 古代東国仏教の中心寺院・下野薬師寺　須田　勉
83 北の縄文鉱山・上岩川遺跡群　吉川耕太郎
84 斉明天皇の石湯行宮か・久米官衙遺跡群　橋本雄一
85 奇異荘厳の白鳳寺院・山田寺　箱崎和久
86 京都盆地の縄文世界・北白川遺跡群　千葉　豊
87 北陸の縄文世界・御経塚遺跡　布尾和史
88 東西弥生文化の結節点・朝日遺跡　原田　幹
89 狩猟採集民のコスモロジー・神子柴遺跡　堤　隆
90 銀鉱山王国・石見銀山　遠藤浩巳
91 「倭国乱」と高地性集落論・観音寺山遺跡　若林邦彦
92 奈良大和高原の縄文文化・大川遺跡　松田真一
93 ヤマト政権の一大勢力・佐紀古墳群　今尾文昭
94 筑紫君磐井と「磐井の乱」・岩戸山古墳　柳沢一男
95 東アジアに開かれた古代王宮・難波宮　積山　洋
96 鉄道考古学事始・新橋停車場　斉藤　進
97 北の自然を生きた縄文人・北黄金貝塚　青野友哉
別03 ビジュアル版縄文時代ガイドブック　勅使河原彰
別04 ビジュアル版古墳時代ガイドブック　若狭　徹